# ACCUEILLIR
# UN CHAT

LE CHOISIR * L'ÉDUQUER * LE SOIGNER * L'AIMER

BRIGITTE BULARD-CORDEAU

LAROUSSE

Direction de la publication : Isabelle Jeuge-Maynart et Ghislaine Stora

Direction éditoriale : Catherine Delprat

Édition : Laure Sérullaz

Conception graphique : Anna Bardon/Jean-Yves Grall

Mise en pages et illustrations : Jean-Yves Grall
www.jeanyvesgrall.com

Couverture : Claire Morel Fatio

Fabrication : Anne Raynaud



ISBN 978-2-03-589850-0

# Sommaire

# Préface

Ça y est, vous avez craqué ! Vous avez décidé d'avoir un chat.

Comme on vous comprend ! Qui ne fonderait pas devant la bouille ronde et expressive d'un chaton ou d'un minet adulte ? Vous devez cependant bien réfléchir.

Êtes-vous tout à fait sûr de savoir ce qu'il vous en coûtera ? Car avoir un chat ou un chien (un livre lui est d'ailleurs également consacré dans la même collection), c'est un budget ! Nourriture, soins, petites affaires, identification (obligatoire pour les félins depuis le 1er janvier 2012) sont à prévoir. Et au-delà de l'investissement matériel, accueillir un chat implique avant tout d'être prêt à lui accorder l'affection et l'attention pour s'épanouir.

Cet ouvrage vous aidera à comprendre ses besoins, qui réclament votre participation, et vous expliquera les fondamentaux de la vie féline, car aussi beau soit-il (et nul ne conteste sa grande élégance), un chat est tout sauf un « objet de décoration ».

En premier lieu, bien sûr, sa santé. Vous devez l'emmener régulièrement chez le vétérinaire afin qu'il le vaccine et l'examine si nécessaire. Bien prendre soin de lui implique également un brossage régulier (indispensable et fréquent pour les poils longs !), des traitements antiparasitaires, la préparation d'une gamelle équilibrée et à son goût… Tout un programme !

Vous verrez qu'il est aussi utile d'enrichir son environnement par divers jeux, arbre à chat, griffoir…, *a fortiori* s'il est amené à passer du temps seul dans son foyer. En effet, le chat aussi peut s'ennuyer et c'est à vous de tout faire pour que cela n'arrive pas !

Vous apprendrez notamment qu'un chat âgé réclamera plus d'attention et un mode de vie adapté.

Adopter un chat, qu'il s'agisse d'un chaton, d'un adulte ou d'un senior, acheté en élevage, choisi en refuge ou donné par un particulier, doit donc être un acte raisonné au risque de voir votre animal grossir les rangs des quelque 40 000 chiens et chats que nous recueillons chaque année dans nos refuges.

Même si nous faisons, à la SPA, tout notre possible pour rendre les matous heureux, nul doute qu'ils préfèrent vivre dans une famille et en devenir un membre à part entière.

Tour à tour joueur, drôle, attendrissant mais aussi propre et discret, le chat est un petit compagnon qui a tout pour plaire. Il a d'ailleurs su trouver sa place au sein des foyers, au point de supplanter quelque peu le chien dans le cœur des Français, puisqu'on compte aujourd'hui plus de 11 millions de chats en France !

Ses qualités intrinsèques, et notamment sa grande intelligence, ne le dispensent pas pour autant de faire quelques petites bêtises – parfois difficiles à accepter –, comme sa propension à se faire les griffes sur votre fauteuil préféré !

Heureusement, vous allez découvrir dans ce livre que des parades existent pour rediriger cette action de griffade, par ailleurs tout à fait normale, sur des supports plus appropriés.

Mais avec un peu de patience et de persévérance, un chat peut tout à fait s'éduquer et même, aussi incroyable que cela puisse paraître, accepter de vivre en bonne entente avec les oiseaux ou les lapins de la maison.

Il vous faudra aussi éduquer les membres du foyer – et je pense ici aux enfants –, leur apprendre à respecter le chat et à ne pas le déranger constamment. Cela dit, un petit félin peut être un formidable compagnon de jeu pour eux et un repère équilibrant. D'ailleurs, c'est prouvé, ses ronronnements ont des vertus apaisantes, tout comme le fait de caresser sa fourrure soyeuse.

Vous apprendrez aussi, au fil de votre lecture, à décoder le comportement de votre chat et donc à mieux le comprendre. Cet animal n'est pas aussi mystérieux et indépendant qu'on le dit souvent et il est finalement assez facile de le percer à jour.

Mais au fait, savez-vous miauler ?... Vous verrez, ça peut servir !

J'espère de tout cœur que cet ouvrage vous plaira et vous permettra de prendre en toute sécurité la décision d'accueillir un chat. Vous vous engagerez alors pour quinze années (voire plus puisque j'ai même connu un chat de 23 ans !) de bonheur assuré.

Il ne vous reste plus qu'à vous adonner aux vertus de la ronronthérapie !
Bonne lecture !

**Natacha Harry,**
Présidente de la SPA

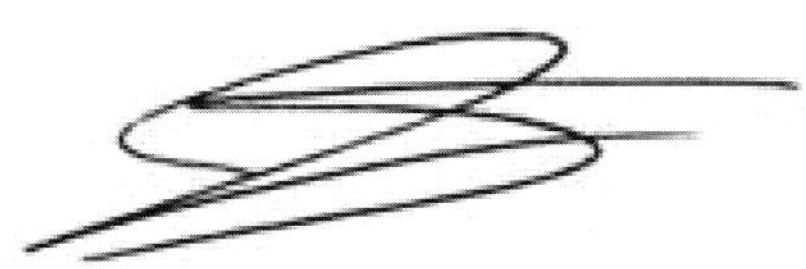

# Avant l'arrivée de votre chat

—

# Quel est mon budget ?

Quand on aime on ne compte pas, **votre chat n'a pas de prix,** néanmoins il vous sera toujours utile de savoir « combien chat coûte » avant de vous engager. Pas de panique, vous avez le choix entre une **solution économique** ou une plus onéreuse. Il faut aussi **laisser parler votre cœur**. Et puis il y a **l'incontournable :** les antiparasitaires, les vaccins, etc., pour éviter au chat d'avoir des maladies occasionnant des frais supplémentaires. Une fois les premières dépenses effectuées, vous êtes relativement tranquille.

## La solution économique : jouez aussi la récup !

Pour les accessoires, vous achetez le strict minimum : un bac à litière, une gamelle et un bol, une brosse, des jouets (vous pouvez aussi les créer vous-même), mais vous aurez peut-être envie de renouveler cet équipement tous les 4 à 5 ans. Sachant qu'en guise de corbeille, vous mettrez à la disposition du chat : un coussin, un châle, un vieux pull ou vous lui ferez une place sur le canapé. Il n'en sera que plus heureux, tout près de vous.

Bac à litière : 8 à 20 €
Litière : 5 € (soit 20 € par mois)
Gamelle et bol : 3 à 7 €
Balle : 2 €
Griffoir : 14 €
Brosse pour chat : 5 €
**Total : 37 à 53 €**

## Plus cher, le choix du cœur

Selon vos goûts et votre budget, rien ne vous empêche de faire des emplettes dans des magasins spécialisés, où vous aurez toutes les tentations pour gâter votre chat. Vous y trouverez une gamme d'accessoires variés de toutes les couleurs. C'est beau, moderne, fonctionnel, et cela semble si bien adapté à une vie de chat !

Maison de toilette : 25 à 100 €
Litière ultra-agglomérante : 10 à 23 €
Désodorisant litière : 6 €
Pelle à litière : 2 €
Gamelle et bol haut de gamme : 14 €
Corbeille matelassée : 23 à 99 €
Circuit de jeu : 22 €
Plumeau : 2,50 €
Souris : 4,50 €
Arbre à chat : 60 à 179 €
Brosse : 30 à 45 €
**Total : 200 € à 500 €**

## Ces frais incontournables

Au strict minimum, il faudra toutefois adjoindre l'alimentation, les frais de vaccination et les antiparasitaires. Ajoutez encore l'identification électronique puis la stérilisation. Sans oublier, côté pratique, la caisse de transport qui permet d'emmener votre chat chez le vétérinaire, en voiture, dans les transports en commun. Enfin, rien ne vous empêche d'envisager le remboursement des frais vétérinaires, mais il faut pour cela une assurance animaux.

Croquettes : 14 à 50 € par mois,
et (ou) sachets fraîcheur : 5 à 10 € le kg,
soit 4 par mois : 19 à 42 €
Vaccins TCLR (typhus, coryza, leucose, rage) : 130 € (pour 2 injections à un mois d'intervalle) + rappels de vaccins annuels : 70 €
Antiparasitaires (puces et tiques) en spray, comprimés, pipettes : 20 € + vermifuge : 7 €
Identification électronique : 80 €
Stérilisation : 160 € (pour une femelle) ;
castration : 80 € (pour un mâle)
Caisse de transport : 25 à 55 €,
ou sac de transport : 90 €
Assurance animaux : 7 à 20 € par mois

**Total = 452 € à 670 €**

## Sans oublier

**Le prix d'acquisition du chat !** Il varie selon que vous optez pour un chat de gouttière (150 €), un chat que l'on vous donne (le prix d'un cadeau de remerciement), ou un chat de race (entre 700 à 1500 € ou plus s'il s'agit d'un chat de race rare).

**Si votre chat vit à la campagne,** une chatière électronique (30 à 169 €).

**Si votre chat est malade ou accidenté,** une consultation supplémentaire chez le vétérinaire, voire parfois une hospitalisation (150 à 400 €, ou plus).

**Si votre chat part en vacances** avec vous ou en promenade, laisse et harnais (9 à 14 €).

**Si besoin,** selon votre habitation, des filets de protection (à partir de 15 €).

Tout cela vous paraît-il cher ? Vous n'achèterez pas tout d'un seul coup, et puis c'est le prix d'un bonheur assuré pour longtemps !

**IDÉE PLUS !**

### L'extra pour avoir l'esprit en paix.

*Si votre chat reste seul le week-end, vous aurez bonne conscience à compenser sa solitude par des objets ludiques, voire antistress (tel le Pipolino® qui déverse quelques croquettes lorsque le chat le fait rouler sur le sol). Le distributeur automatique permet au chat de manger quand bon lui semble, comme il le fait dans la nature. Enfin, être à distance et avoir l'œil sur le chat à tout moment de la journée, grâce à une caméra, c'est un moyen insolite et extraordinaire pour vous rassurer !*

*Jouets antistress : 40 €*
*Distributeur automatique : 50 €*
*Caméra pour chat : 70 €*
***Total : 160 €***

# Mon logement est-il adapté ?

Très attaché à son **territoire,** le chat vous aime autant que son chez-soi. Ce qu'il attend en particulier, c'est votre **affection,** mais il veut son **confort.** Quel que soit le lieu que vous lui proposerez – maison, appartement, studette – il se l'appropriera avec joie. À vous de l'aider à s'acclimater en toute sécurité.

## La maison : un vrai paradis !

Rien de tel que l'espace, les pièces, l'escalier. Votre chat a tout le loisir d'escalader, d'aller d'un étage à l'autre, de bouger, bondir, observer, dormir... plus belle la vie !

### Les avantages

Vive l'aventure ! Il peut aller de long en large, fouiner, fourrer son nez où ça lui plaît. Il se poste devant les fenêtres à chaque étage, et va même jusqu'au grenier. Il grimpe, prend de la hauteur, reste perché sur le haut des marches pour observer ce qui se passe en bas, redescend pour profiter de la superficie et s'approprier un nouveau coin. De temps à autre, il change de pièce, s'installe ailleurs... si les portes sont ouvertes. On le croit routinier, il s'organise une vie multiple, passionnante, il ne s'en lasse pas.

### Les inconvénients

Plus l'espace est important, plus le chat possède de cachettes, ce qui signifie qu'il peut être introuvable au moment crucial : on part en vacances, en week-end, on se prépare à l'emmener chez le vétérinaire, mais où est-il passé ?

Votre petit félin s'habitue à prendre ses aises, ses distances, recrée à sa manière son univers naturel d'un endroit à l'autre, ce qui est parfait, mais vous devez l'attirer vers vous, tisser le lien, parfois renouer avec lui, afin que son côté sauvage – indépendant en tout cas – ne prenne le dessus. Il finirait par ne vous croiser qu'à l'heure des repas !

## L'appartement : besoin de rien d'autre ou presque

Bien confiné dans ses 60 à 100 $m^2$, votre nouveau compagnon fait souvent le tour du propriétaire et connaît par cœur le moindre recoin.

### Les avantages

Il est à l'abri et il a vue sur tout ce qui se passe, étant au même niveau que vous. Il se sent bien entre vos quatre murs. Il ne risque pas de filer à l'étage supérieur – excepté s'il s'agit d'un duplex. Il peut au pire se réfugier dans la mezzanine. L'espace lui appartient. Et pour le faire garder, c'est facile : il n'est jamais bien loin...

### Les inconvénients

S'il a la possibilité d'atteindre un appartement voisin, il va chercher tous les moyens pour y accéder... pour peu qu'un de ses congénères y habite ! Afin de pallier son envie de sortir – excepté s'il peut faire un tour dans la cour fermée et sans danger –, installez une chaise ou un tabouret devant une fenêtre. Il y restera des heures. L'observation est un de ses passe-temps favoris.

Si vous habitez au 6e étage d'un immeuble, attention aux chutes ! Il aime longer les gouttières et escalader les toits. Tout est possible pour cet acrobate. Même au premier étage, il aura envie de sauter sur la pelouse. Par précaution, installez des filets de protection aux fenêtres.

## Le studio : comme dans un cocon !

Il occupe 20 à 40 $m^2$, et avec vos idées de génie, se prend pour un pacha.

### Les avantages

Le chat s'habitue à votre espace si vous l'adaptez à ses besoins. Réservez-lui une place pour un arbre à chat, indispensable à ses loisirs. Il doit pouvoir faire de l'exercice, mais aussi reconstituer l'équivalent de ses lieux préférés dans la nature : coin repos, coin repas, coin commun. Et grâce aux jeux (plume, balle...), il ne perd pas le goût de l'aventure et de la chasse.

### Les inconvénients

Lorsqu'il y a plusieurs chats, la cohabitation devient beaucoup plus difficile, et de surcroît, elle n'est pas acceptée dans tous les immeubles.

## La chambre d'étudiant : un accès à tout !

Le chat a plus de facilités à s'accaparer l'espace et à s'approprier les choses.

### Les avantages

Il est maître chez lui. Squatter le lit à longueur de journée, s'installer sur la table de travail... tout lui est permis ! Il est primordial qu'il puisse scruter l'extérieur. Si vous disposez d'un velux, installez-lui un poste en hauteur. Une étagère confortable lui conviendra parfaitement.

### Les inconvénients

L'espace limité doit être compensé par votre disponibilité à jouer et par l'affection que vous lui portez.

**IDÉE REÇUE !**

**Les faux-vrais abris.**

**Attention !** Le garage n'est pas un endroit indiqué pour le chat.
Lorsque vous y entrez ou en sortez, vous ne savez jamais où il se trouve. C'est trop risqué.
Il aime les odeurs, il est attiré par l'antigel (un vrai poison), respire l'essence. Veillez à ranger les produits dans un endroit inaccessible.
Il apprécie aussi la chaleur du moteur.
Refermez bien le capot de la voiture, sinon il s'engouffre, c'est le piège...
À la cave, il séjourne volontiers pour traquer rats et souris. Prenez garde à ne pas l'y enfermer !

# En ville ou à la campagne ?

*Quelle vie allez-vous offrir à votre chat ? S'il* **s'adapte partout, tant qu'on lui donne de l'amour,** *il est préférable de pouvoir* **bien tout envisager**. *Et ce, même si la différence entre la ville et la campagne s'estompe : le chat qui vit dans une maison de ville évolue un peu comme à la campagne – les risques de fugue en moins, quoique... –, et le chat qui vit à la campagne, dans un bourg constitué de maisons, est aussi « emmuré » qu'en ville.*

## Mon chat en ville/ vos questions

### Le chat peut-il être citadin ? À quoi ressemble son existence ?

Sans hésitation, la réponse est oui. Le chat a l'âme citadine et ce, depuis la nuit des temps. Son métier de ratier exercé jadis ne le cantonnait pas que dans les champs. Appartements, maisons de ville, cela n'a rien de nouveau pour le chat qui s'y épanouit. Sa vie est comme un long fleuve tranquille. Il est familiarisé avec les bruits de la ville qui ponctuent ses journées, le brouhaha du matin quand la circulation est dense, les klaxons des bus ou des voitures... et l'agitation du soir quand on s'empresse de revenir chez soi. De l'appartement, il repère le bruit de l'ascenseur ou des pas dans l'escalier annonçant le retour des gens, la fin de l'école pour les enfants. Le chat vit à l'intérieur et ne manque de rien. En outre, il a parfois l'opportunité de rejoindre les chats dans la cour, lorsque le règlement l'autorise.

### Ni chasse ni nature, n'est-il pas comme un lion en cage ?

Non, s'il a toujours été habitué à la ville. Il serait plutôt comme un coq en pâte. Son lieu de vie est sécurisé et aménagé (voir pages 10-11). Il a peut-être en plus la chance de vivre dans un endroit entouré d'arbres qu'il peut contempler à sa guise, et entendre le chant des oiseaux...

En revanche, s'il vient de la campagne, ce sera quasi impossible de lui imposer votre mode de vie, excepté s'il s'agit d'un chaton.

### Est-il possible que le chat ne mette jamais le nez dehors ?

Oui. Le chat a l'art de reconstituer dans son intérieur des conditions qui lui rappellent la savane. Pour cela, mettez à sa disposition jouets, arbre à chat et vue sur l'extérieur. Par ailleurs, rien ne vous empêche de l'emmener, équipé de son harnais et de sa laisse (voir pages 116-117), dans le square d'à côté ou dans une ruelle tranquille.

### Quel atout majeur peut me convaincre d'avoir un chat en ville ?

Il est toujours à vos côtés et en sécurité. Il ne risque ni de se perdre, ni d'être volé, ni d'être tué par un chasseur. Et les dangers qu'il s'échappe sont minimes. Mais attention aux portes ouvertes, aux fuites vers l'ascenseur et aux chutes depuis les étages !

## Mon chat à la campagne/ vos questions

### N'ai-je pas le plus heureux des chats en vivant à la campagne ?

Vive l'air, vive la liberté ! Le chat gambade à son gré. Il attrape les souris, se cache dans les buissons, surveille pendant des heures le roitelet qui fait son nid. Vous n'avez pas tort. C'est une belle vie de chat.

### Dans le jardin, puis-je le laisser en totale liberté ? Je crains les chats du voisinage.

Ce serait dommage de priver votre matou de ce paradis où il peut humer les plantes, mâcher de l'herbe, grimper aux arbres et se faire les griffes sur les troncs. Si vous craignez les chats du voisinage, clôturez votre jardin et, sur le grillage, faites pousser de la rue, une plante qui les éloignera.

### Malgré toutes ces précautions, j'appréhende les risques de bagarres entre chats.

C'est prévisible en effet. Le chat attache une grande importance à son territoire. Il possède un flair performant lui signalant si des intrus viennent marcher sur ses plates-bandes. Et il ne leur fera pas de quartier !

### Cette vie à la campagne que je croyais idyllique pour mon chat aurait donc des inconvénients ?

Votre compagnon aura tout pour être heureux. Mais un homme averti en vaut deux. Faites en sorte de le rentrer avant la nuit et habituez-le à cette discipline. Il prendra vite le pli et sera proche de vous, bien à l'abri.

Il échappera ainsi à des blessures, griffures et à d'éventuelles irritations et infections causées par les combats avec ses congénères. De surcroît, faites-le impérativement vacciner pour lui éviter toute contamination.

**LES IMPÉRATIFS !**

### Maison en lotissement ?

Lorsque la maison fait partie d'une résidence, assurez-vous que le voisinage tolère les passages ou intrusions de votre chat qui dispose du libre accès grâce à la chatière que vous avez installée. Dans le cas contraire, abandonnez l'idée de sa liberté et apprenez-lui à se contenter de l'espace que représente la maison.

# Mon temps disponible

À la maison, le chat partage **votre quotidien.** Il assiste à vos tâches intellectuelles et ménagères, tout comme à vos loisirs. À son existence est associée votre vie, de manière intrinsèque. Ses activités se calquent à votre emploi du temps. **Il ne peut vivre sans vous.** Certes, il est capable de rester des heures entières, seul et tranquille, mais l'attente, passé une certaine heure, lui devient insupportable. **Il veut entendre votre voix**, avoir des caresses, et vous accompagner dans la réalisation de votre programme. Serez-vous faits l'un pour l'autre ? La réponse est en majeure partie dans le temps que vous pourrez lui accorder.

## Possible ou pas possible ?

### Je veux un chat, mais je m'absente toute la journée pour faire de la musique.

Pour lui, ce n'est pas très drôle d'être seul, mais ce n'est pas non plus la mer à boire. S'il est habitué, il organise ses journées. Il dort beaucoup. Le reste du temps, il observe, joue, fait sa toilette... Et le chat préfère la solitude à un bruit trop présent qui provoquerait un stress. Votre emploi du temps lui convient.

### J'aimerais avoir un chat, mais je sors le soir pour voir mes amis, je ne rentre pas toujours la nuit, je repars directement au bureau.

Pour le chat, c'est beaucoup trop difficile à vivre, voire impossible. Et quelle est l'utilité de cette relation s'il n'y a jamais de contact, d'échange ? Il n'a pas seulement besoin d'un toit. S'il ne vous voit jamais, il risque de s'ennuyer fortement et de faire une dépression. À quel moment allez-vous le toiletter, lui donner à manger, changer sa litière, lui parler, le câliner, être tout simplement avec lui ? Abandonnez l'idée d'avoir un chat pour l'instant et attendez que votre vie soit plus adaptée aux exigences du petit félin.

**IDÉE REÇUE !**

**Le chat, animal du désert, peut vivre seul tout naturellement.**

**Faux.** C'est un peu comme si nous observions les différences entre l'homme actuel et celui de Cro-Magnon. Cette comparaison avec nos ancêtres, tout comme celle du chat avec *Felis silvestris*, ou plus loin encore *Felis zitelli*, n'a pas lieu d'être. Le comportement et le mode de vie du chat ne sont pas les mêmes qu'à l'origine. Cet animal se laisse apprivoiser depuis dix mille ans. Au XXI$^{e}$ siècle, il est désormais notre ami. Il partage son existence avec nous. Il a besoin de notre présence. En France, nous comptons 11,41 millions de chats de compagnie !

### Je veux un chat, mais je suis en déplacement deux jours par semaine, que faire ?

Si vous êtes présent tout le reste du temps, vous pouvez envisager d'en avoir un. L'idéal serait qu'une personne de confiance lui rende visite pendant votre absence : lui donne à manger, ôte les déjections dans le bac à litière, et le caresse. Ainsi votre matou ne connaîtra pas l'ennui.

### Je travaille chez moi à longueur de journée, y a-t-il incompatibilité avec le chat qui a besoin de son indépendance ?

Absolument pas. C'est merveilleux pour votre chat. Votre présence lui est confortable et précieuse. Il est pour vous d'une douce compagnie. Il a l'art de s'adapter à vos habitudes, à vos horaires. Il semble comprendre quand vous travaillez et, même quand il a faim, a le réflexe de ne pas déranger ! Vous réaliserez que votre animal n'est pas si indépendant mais au contraire très proche de vous.

### Je travaille la nuit dans un hôpital, je dors le jour, enfin jusqu'à midi, et pars à 20 heures, mon chat peut-il être heureux avec moi ?

Le chat peut s'acclimater à votre rythme. Pendant que vous dormez, il fera de même, et au réveil, il partagera vos activités ou du moins sera auprès de vous ou bien vous observera. Vous pourrez jouer avec lui, le divertir, lui parler. Ce duo semble tout à fait réalisable.

### Je travaille à l'extérieur, mon mari n'est là que le week-end, j'ai des jumeaux de trois ans, je suis donc terriblement occupée et pourtant je veux un chat.

Si vous désirez un chat, c'est que vous pensez avoir la force et la volonté de vous en occuper. Dans ce cas, il trouvera sa place au sein de la famille. Il faudra éduquer les enfants à le respecter et ils formeront un joyeux trio.

# La composition de ma famille

Avec ou sans **conjoint**, avec ou sans **enfants**, avec ou sans **un autre animal...** En quoi cela peut-il influencer la vie de votre chat ? Chacun de ces cas de figure peut être heureux mais nécessite d'être **vigilant.**

## Seul avec un chat

**Une vie de pacha.** Il ne manque de rien. Vous êtes aux petits soins. En outre, vous devez l'inciter à avoir des activités physiques. Le chat prend goût à la vie facile, la vie de sofa, la vie de pacha, et encourt le risque d'obésité. D'autre part, cette qualité de vie tient à un fil : c'est-à-dire votre bonne humeur. Il ne faut pas oublier que le chat ressent tous vos états d'âme. Si c'est le pessimisme ambiant, il sombre dans l'apathie, l'indolence. Et il n'y a personne d'autre à la maison pour le sortir de cette morosité. Votre responsabilité est encore plus grande.

## Avec votre conjoint

**Le chouchou.** Il est gâté, pourri, il y a toujours quatre yeux pour lui ! On guette en permanence s'il va bien, on l'épie, on calcule ses quatre cents coups, on admire ses jeux de balle, entrechats, cabrioles... Tout cela en fait un sujet de conversation. Un sujet redondant. Le chat est le centre du monde. Et pas bête du tout, il en profite et parfois en abuse. Il tente de grimper sur la table à l'heure des repas. Il veut avoir sa place dans le lit : un détail qui n'en est pas un (voir page 69).

**IDÉE REÇUE !**

**Oiseaux ou poissons, c'est trop risqué.**

**Vrai et faux.** Avec les oiseaux de compagnie, le chat est certes très surexcité. Mieux vaut être vigilant, mais il peut finir par comprendre qu'ils font partie de la maisonnée.
Quant aux poissons d'aquarium, ils sont à l'abri. Leur va-et-vient perpétuel intrigue le chat. Par-dessus l'aquarium, il tend la patte repliée en forme de hameçon. Piètre résultat ! Bredouille, il quitte son poste d'observation. La cohabitation devient possible.

## Lorsque l'enfant paraît

**Pas de jaloux !** Faites preuve de psychologie au moment de l'arrivée du bébé. Naturellement, votre matou, qui jusque-là était habitué à être seul avec vous, ressent une frustration. Veillez à équilibrer vos mots tendres et distribuez-lui beaucoup de caresses et câlins, car il est dans l'attente mais ne manifeste pas forcément ses désirs. L'astuce pour éviter les différences et les inégalités ? Proposez-lui un couffin, un coussin, un doudou. Ne le laissez pas monter en revanche sur le lit du bébé. Soyez vigilant et laissez-le observer votre petit – toujours sous votre surveillance – afin qu'il s'habitue à ce nouvel occupant du foyer. Ils deviendront très amis.

## Avec des enfants

**Le copain.** Pour les bambins, il n'est autre qu'un petit copain de jeux. Le chat est souvent à leurs côtés. Il se cache parmi les peluches, renverse les cubes au passage, chipe les crayons de couleur. Il aime la compagnie des enfants. Il recherche leurs odeurs, reniflant leur couette et leurs vêtements. Il peut les accompagner pendant leurs devoirs – c'est stimulant pour nos chères têtes blondes –, sortir avec eux dans le jardin. Et lorsqu'il a besoin de calme, il se réfugie auprès des adultes.

## Avec d'autres animaux

**Jouer à chat.** Avec d'autres chats, mâles ou femelles, il a envie de jouer. Jeu de poursuite, jeu d'attaque. Le contact est très bénéfique et l'allo-toilettage qui se traduit par le léchage sur tout le haut de la tête, derrière les oreilles, etc., enrichit les liens entre congénères.

**Bas les pattes !** L'approche avec le chien n'est guère facile sachant que les deux espèces ne possèdent pas du tout le même langage corporel et vocal. Le balancement de la queue chez le chien est très mal perçu par le chat qui se sent agressé. Une fois au diapason, les deux compères dorment ensemble la plupart du temps, blottis l'un contre l'autre.

Certes la notion de race influe sur une éventuelle bonne entente. Les chiens de berger à l'instinct protecteur sont plus aptes à se lier avec le chat que les chiens de chasse. Un chien de garde exercera son métier de gardien à l'égard du chat autant que pour les autres membres de la famille.

**Travaux d'approche.** La prudence s'impose au tout début avec les rongeurs. Lorsque l'une et l'autre espèce ont été élevées ensemble, le processus est aisé. Sinon, il vous appartient d'initier les travaux d'approche et de maîtriser la situation. Prenez tour à tour dans vos bras le chat puis le rongeur et faites les présentations en observant une certaine distance. Recommencez régulièrement jusqu'à ce qu'il n'y ait plus aucune méfiance de la part de l'un comme de l'autre.

# Suis-je prêt à accueillir un chat ?

Voici un test qui permet de savoir si oui ou non vous pouvez vivre avec un chat, en acceptant ce qu'il fait, ce qu'il est. Pour cela, il faut connaître ses **goûts,** ses petites **manies,** et surtout ses **exigences.** Le chat a deux amours, **sa maison et vous** – qu'il met exactement sur le **même plan** –, d'où ces deux colonnes correspondantes. Répondez à chaque question en cochant « j'aime » ou « je n'aime pas ». Si à la fin, vous obtenez une majorité de « j'aime », vous pouvez envisager d'avoir un chat et faire en sorte qu'il soit heureux à la maison. Dans le cas contraire, peut-être faut-il opter pour un chien…
Aussi, une priorité : vérifiez que vous n'êtes pas allergique au chat !

| Ce qu'il apprécie | |
|---|---|
| **Dans sa maison** | **Avec vous** |
| Les cachettes, les coins à lui : coin repas, coin dodo, coin jeux<br>J'aime ☐ Je n'aime pas ☐ | Votre présence : cela le rassure, l'épanouit, le familiarise<br>J'aime ☐ Je n'aime pas ☐ |
| La propreté (dans sa litière, sa corbeille), le linge propre<br>J'aime ☐ Je n'aime pas ☐ | Les activités : il observe, assiste, parfois y met la patte<br>J'aime ☐ Je n'aime pas ☐ |
| L'ambiance zen : tranquillité, harmonie, silence<br>J'aime ☐ Je n'aime pas ☐ | La tendresse : caresses, papouilles le font ronronner<br>J'aime ☐ Je n'aime pas ☐ |
| Ses jeux : balle, plumeau, cache-cache, chat…<br>J'aime ☐ Je n'aime pas ☐ | Entendre votre voix : il répond en miaulant et comprend les mots au fil du temps<br>J'aime ☐ Je n'aime pas ☐ |
| Sa nourriture : à base de viande, de poisson, « en boîte », les croquettes, les légumes et l'eau fraîche<br>J'aime ☐ Je n'aime pas ☐ | Votre odeur : il lèche votre peau, se lèche ensuite, se délecte du mélange<br>J'aime ☐ Je n'aime pas ☐ |
| Le « self-service » : il fait plusieurs petits repas et se sert à son gré<br>J'aime ☐ Je n'aime pas ☐ | Votre parfum : il se peut qu'il l'aime mais s'il le déteste et reste à l'écart ?<br>J'aime ☐ Je n'aime pas ☐ |
| Les autres animaux : s'il a grandi avec eux<br>J'aime ☐ Je n'aime pas ☐ | Regarder la télé : pour être auprès de vous et pour le foot !<br>J'aime ☐ Je n'aime pas ☐ |
| Dormir : 18 heures par jour et on ne réveille pas le chat qui dort !<br>J'aime ☐ Je n'aime pas ☐ | Se nicher contre vous la nuit : vous n'êtes pas obligé…<br>J'aime ☐ Je n'aime pas ☐ |
| S'agripper aux rideaux : cela arrive, n'oubliez pas l'arbre à chat !<br>J'aime ☐ Je n'aime pas ☐ | Se frotter à vos jambes<br>J'aime ☐ Je n'aime pas ☐ |
| Grimper sur les étagères et les corniches des armoires<br>J'aime ☐ Je n'aime pas ☐ | Sa toilette : il faut le brosser régulièrement<br>J'aime ☐ Je n'aime pas ☐ |

# Au fait, chat qui es-tu ?

Tête bien faite, **corps musclé,** belle fourrure, il a un goût inné pour le sport, le jeu, la chasse... et la pelote de laine ! Son **intelligence** très développée ainsi que ses **multiples sens** lui confèrent des aptitudes particulières. Malin, agile, cet élégant acrobate est aussi un redoutable prédateur.

## C'est une tête !

### Le chat a de la mémoire

Il a toujours en tête les leçons de sa mère : la petite tape sur le museau dès qu'il mordille ses frères et sœurs. Les expériences fâcheuses – une chute dans une bassine d'eau, l'emprisonnement dans un placard – le marquent pour la vie !

Il se souvient également très bien des gens. Après une longue absence, c'est comme s'il venait de les quitter. Il va au-devant d'eux, se frotte à leurs jambes.

### Son intelligence est importante

Le chat est incomparable pour saisir les opportunités, s'adapter aux circonstances, analyser une situation. C'est un petit malin.

### Le chat possède neuf sens

Comptez les cinq sens, à savoir l'odorat, l'ouïe, la vue, le toucher, le goût, ajoutés à quatre autres : la température, l'équilibre, ainsi que le sens de l'orientation et le sens du temps (ces deux derniers étant réunis sous le vocable de « sixième sens »). Il s'agit d'un pouvoir étrange : le chat a le don de prescience, il prévoit les catastrophes ou pressent la mort des êtres chers.

Son odorat est très développé. Avec ses 200 millions de cellules sensorielles, il détecte les éléments chimiques odorants et les différencie. On le voit parfois pétrifié pendant quelques secondes, la bouche entrebâillée, les babines retroussées, les narines grandes ouvertes. Il hume avec insistance. Les scientifiques avancent qu'il est doté de « la réponse de Flehmen ».

Son ouïe est hypersensible. Le chat capte les sons qui nous échappent, sursaute à ceux aigus, aux cris stridents. On dit également qu'il a l'oreille musicale. Il aime Mozart, le groove...

Sa vue est très performante. Le chat a un œil de lynx. Grâce à un champ visuel de 180 °, il évalue à quelle distance l'oiseau ou la souris se trouve. Il est capable aussi de voir dans l'obscurité.

Il a un toucher très sensible. Par ses coussinets truffés de terminaisons nerveuses sensorielles, il perçoit le moindre pas ou trottinement. Il dispose également de cette qualité sensitive au niveau de la face : sur les lèvres, les vibrisses (ou moustaches) agissent comme des antennes reliées aux cellules nerveuses. Ces poils renforcés sont également répartis sur les joues, le front, le menton, le dessous des yeux. Sans cesse en mouvement, ils sont utilisés pour percevoir l'environnement. S'il en était amputé, il serait désorienté, infirme. On a souvent comparé

## IDÉE PLUS !

### Équipé de la tête aux pieds, d'autres atouts !

Le chat a la même bouche que le lion ou le tigre, mais à échelle réduite. Ses trente dents réparties sur la mâchoire inférieure et la mâchoire supérieure, comprennent douze incisives, quatre canines, dix prémolaires, quatre molaires, adaptées à un régime essentiellement carné. Les griffes rétractiles lui permettent d'agripper, de relâcher, de dépecer une proie, mais aussi d'escalader un arbre, de marquer son territoire et de combattre un ennemi. Situé dans son oreille interne, un système sensoriel détecte le moindre changement de la position de son corps dans l'espace lui permettant, en cas de chute, un rétablissement ultrarapide et un atterrissage en douceur.

ces poils solides à la canne blanche des non-voyants.

L'odeur de la nourriture détermine son goût. Pour tester, il hume son assiette.

## ... et un athlète

Grâce à ses 500 muscles, il saute très haut (cinq fois sa hauteur), et atterrit en douceur. Il s'étire longuement.

Son ossature d'environ 280 os, avec ses articulations modifiables, lui permet d'incurver son dos à 180°. Muscles d'acier, système nerveux bien coordonné, queue mobile faisant office de balancier, griffes rétractiles... le chat est bien loti. Équilibre, souplesse, agilité... toutes les qualités d'un acrobate !

## ... le plus beau des félins !

Très élégant dans sa belle fourrure longue, mi-longue ou courte, raide, parfois bouclée, et d'une grande douceur, il paraît dans une grande variété de couleurs : unies, bicolores, tricolores... Ses yeux jaunes, bleus, ou verts ont des reflets qui ont inspiré les plus grands poètes.

## ... un petit délicat

Il est d'une nature raffinée. Il fait le difficile pour déguster sa nourriture. Qu'un parfum chimique et inhabituel se dégage de sa pâtée, il tourne les talons. Cependant, il n'est pas incommodé par les odeurs fétides, la transpiration des pieds, l'eau des vases ou des flaques...

## Chasseur et joueur

Comme ses cousins sauvages, il est aux aguets, repère, se tapit, ondule. Il attend immobile comme une statue. Puis, le corps en extension, il bondit, fond sur sa proie, la taquine, joue avec, enfin lui donne le coup de grâce.

# Qu'est-ce que j'attends de mon chat ?

Votre chat vous rend la vie plus belle. **Sa présence** vous paraît indispensable. Selon l'expression employée pour les gens qu'on aime, il fait partie des meubles. Plus encore, il fait partie de vous-même. Mais tout cela n'est pas **unilatéral.** Contrairement au chien, vous devrez toujours faire **le premier pas,** aller vers lui, et le mettre en confiance. Alors le chat se montrera affectueux, et son amitié n'aura pas de prix. En quoi réside cet échange de bons procédés ? Faisons la part des choses.

| Les qualités que j'aimerais trouver chez mon chat | | |
|---|---|---|
| | **Est-ce possible ?** | **À quelles conditions ?** |
| **Côté pratique** | | |
| Il est facile à nourrir | Oui et non | Donnez-lui un aliment à ses goûts |
| Il est propre | Oui et non | Son bac doit toujours être nettoyé |
| Il n'a pas besoin de faire sa toilette | Oui et non | Oui pour un poil court, non pour un poil long. Mais il est recommandé de donner un brossage et un peignage réguliers même pour les poils courts |
| Il a une bonne santé | Oui | Faites de la prévention (vaccins, antiparasitaires) |
| **Côté éducation** | | |
| Il obéit au doigt et à l'œil | Non | Ce n'est pas un chien |
| Il ne vole pas sur la table | Oui | Éduquez-le : dites « non », il a compris |
| Il ne va pas dans son bac pendant les repas | Non | Déplacez le bac dans les toilettes (porte ouverte) |
| **Dans la maison** | | |
| Il ne laisse aucun poil sur les tapis | Non | Aimez-le pour sa fourrure |
| Il ne griffe pas les rideaux | Oui et non | Proposez-lui un griffoir |
| Il ne grimpe pas sur les étagères | Non | Vous avez affaire à un acrobate |
| **En famille** | | |
| Il se laisse taquiner par les enfants | Non | Il se défend si on lui tire les poils ou la queue |
| Il s'entend avec mon chien | Oui et non | S'ils ont grandi ensemble |
| Je l'emmène en week-end | Oui et non | S'il a été habitué très jeune |
| **Avec moi** | | |
| Il me suit partout | Non | Ce n'est pas un chien |
| Il devine mes états d'âme | Oui | Efforcez-vous aussi de le comprendre |
| Il me fait des câlins | Oui et non | S'il en a envie. Il est parfois distant |
| Il dort avec moi | Oui et non | Il ne reste pas toute la nuit |
| Il respecte mon sommeil | Oui et non | Sauf s'il a faim ou une envie pressante ou veut jouer |
| Une douce amitié | Oui | Occupez-vous bien de lui |
| La paix, l'harmonie | Oui | Soyez zen avec lui |
| Il dialogue avec moi | Oui | Commencez par lui parler |

# Les critères pour le choisir

Bien choisir votre futur(e) chat(te), c'est lui donner les chances d'une vie épanouissante à vos côtés. Il faut d'abord s'interroger sur les critères ayant trait à l'**âge,** au **statut** et au **sexe** du chat. Du chaton au chat senior, du chat de maison au chat d'appartement, du chat de race au chat de gouttière, du mâle à la femelle, les exigences ne sont pas les mêmes. L'adaptation ne s'effectue pas au même rythme chez un chaton qui vient de quitter sa mère que chez un adulte qui a été modelé au sein d'une famille, et que vous avez adopté dans un refuge. Choisissez un chat qui corresponde à **votre personnalité** et à **votre mode de vie.** En dressant une liste des avantages et des inconvénients pour chaque catégorie de chat évoqué, vous saurez peser le pour et le contre. Vous trouverez forcément le chat qui vous plaît ! Il n'y a pas deux chats qui se ressemblent !

## Chaton, adulte ou senior ?

### Le chaton : jamais avant 2 mois

Un chaton peut entrer dans votre vie quel que soit le milieu d'où il vient. Son adaptation est rapide. Mais il doit nécessairement être sevré, être âgé d'au moins deux mois, voire deux mois et demi à trois mois. Bien socialisé, il assimilera facilement les principes de la cohabitation, que vous soyez dans une maison ou en appartement.

#### Les avantages

Le voir grandir, se transformer, s'adapter facilement à la maison est très rassurant. Drôle, attendrissant et vif, joueur infatigable, il sème la joie dans l'entourage. Vous prenez du bon temps à jouer avec lui mais aussi à l'observer. Très malléable, il est réceptif à l'apprentissage que vous lui dispensez. Vous serez étonné par les progrès qu'il fait chaque jour. Il comprend tout et vous aurez le plaisir d'avoir un chaton docile. Donnez-lui un nom et il ne tarde pas à y répondre.

Vous lui apprenez l'obéissance, le familiarisez aux caresses, aux mots doux. Vous l'habituez progressivement mais très tôt au brossage, à une nourriture spéciale pour chaton, destinée à lui assurer une bonne croissance…

Très vite, vous pourrez aussi l'emmener avec vous. Si vous avez l'intention d'en faire un « globe-trotter », qu'il vous accompagne en vacances, en week-end, mettez-le dans son sac de transport. C'est pratique, le chaton est léger comme une plume, emmenez-le en bus, en train, en voiture… sans oublier ses joujoux. À l'avenir, il voyagera tout naturellement sans miauler de frayeur, zen, curieux. Zéro souci. Que de bonheur en perspective !

## Les inconvénients

Vous devez impérativement prévoir du temps à lui consacrer, non seulement pour qu'il s'habitue à sa nouvelle demeure, mais aussi pour l'éduquer : cela concerne surtout la propreté, c'est-à-dire aller dans son bac à litière, l'interdiction de griffer, de mordiller. Même si sa mère le lui a appris, il faut poursuivre cette éducation à la maison.

Cela demande aussi une étroite surveillance de votre part. Attention à la litière qu'il risque d'ingurgiter ! Fermez bien portes et fenêtres. Jeune et maladroit, il fait des bêtises en découvrant son univers, grimpe sur les étagères, a tendance à casser les objets, vases, bibelots, à griffer les tapis, etc. Face aux dangers de la maison (produits domestiques, lave-linge, fils électriques), il n'a peur de rien et risque de se blesser, s'empoisonner. Vous devez aussi, s'il y a d'autres animaux (chats adultes, chiens…) chez vous, assurer sa protection face à eux. Il faut lui apprendre les limites de son territoire. Encore, autre contrainte, sensibiliser les enfants au fait que le chaton est fragile. Il faut le laisser dormir, condition *sine qua non* de son épanouissement, de sa croissance. Puis, veiller à le stériliser entre 6 et 8 mois et respecter le protocole de vaccination indiqué par le vétérinaire.

Enfin, avant d'opter pour ce tout jeune chat, sachez qu'il ne faut pas le laisser seul à la maison avant l'âge de 6 mois, le temps de devenir plus autonome et son envie de jouer s'émoussant (voir page 106).

**LES IMPÉRATIFS !**

### Attention, il y a un âge légal d'adoption pour le chaton…

*Sachez que l'on ne peut vous vendre ou céder un chaton n'ayant pas atteint l'âge de 8 semaines. C'est illégal et cela tombe sous le sens : séparé trop tôt de sa mère, le chaton n'a pas acquis les réflexes nécessaires pour s'accommoder de son nouvel environnement. Il n'a pas encore emmagasiné les odeurs, les stimuli qui composent l'univers dans lequel il est fait pour vivre, c'est-à-dire la maison, la famille. Trop jeune pour être autonome, ce chaton restera craintif. Tel un petit sauvageon, il aura tendance à détruire le mobilier. Il sera hermétique à l'éducation que vous tenterez de lui dispenser.*

## Chat adulte : il veut jouer avec vous

L'âge n'a pas tant d'importance que l'on peut supposer. Pour une raison, c'est que le chat est toujours jeune, sa fourrure ne vieillit pas d'un poil, et, même senior, il joue encore. De préférence, choisissez un chat qui a vécu dans un milieu de vie ressemblant au vôtre, soit en maison soit en appartement. Il sera moins perturbé par ce changement dans son existence, et son adaptation sera plus rapide et plus aisée.

### Les avantages

Il connaît déjà les codes de la vie en société, à l'intérieur d'une maison. Il est structuré : il respecte les règles de la propreté et mène sa vie de chat normalement. Son éducation n'est plus à faire. Il est familiarisé et, même après une vie d'un tout autre genre, le chat est parfaitement adaptable.

Si vous connaissez sa provenance, son histoire, vous aurez plus de facilité à lui offrir l'environnement qui lui convient afin qu'il ne soit pas trop dépaysé. Dans le cas contraire, si, par exemple, vous l'avez trouvé dans un refuge, vous ressentirez de la satisfaction et du bonheur à être sa nouvelle famille, son protecteur, son marchand de bonheur. Le chat a cette particularité d'avoir plusieurs vies et la faculté de passer de l'une à l'autre avec un intérêt jamais émoussé.

### Les inconvénients

Son régime alimentaire doit être le même ou le plus proche possible de celui qu'il avait précédemment. Cependant, si vous souhaitez lui préparer ses repas alors qu'il était un consommateur d'aliments secs, vous pourrez très progressivement ajouter votre préparation à ces derniers en augmentant légèrement la portion chaque jour. Comptez un mois d'adaptation complète.

Il doit se réapproprier la maison et la famille, et même s'il est ouvert au changement, vous devez vous investir pour qu'il trouve ses repères, s'acclimate bien dans ce nouvel espace, soit proche de vous ou des enfants. Il faudra vous montrer attentif et vigilant, de manière à ce que cette transition s'effectue harmonieusement.

Un autre léger inconvénient est qu'il arrive que l'on ne sache pas exactement l'âge véritable du chat adulte que l'on acquiert. Quoi qu'il en soit, jouez régulièrement avec lui, afin qu'il garde une forme parfaite le plus longtemps possible.

## Chat senior : il a de plus en plus besoin de vous

Quelle bonne idée de prendre « sous son aile » un chat âgé ! À condition de lui proposer un univers paisible et reposant. Il a parfois du mal à s'habituer aux cris et tribulations des enfants. Sage comme une image, il convient aux personnes calmes, souvent présentes à la maison. Il supporte moins bien la solitude. Il dort beaucoup, ce qui ne veut pas dire qu'il n'a pas d'activités, au contraire, et cela dépend de vous !

Ils sont sympas dans cette famille, je crois bien que je vais rester avec eux, moi !

### Les avantages

Il déborde d'affection. Un chat senior est très proche de vous, et de plus en plus. Il est à la recherche de câlins, de douceur, comme s'il voulait être rassuré par votre amitié. Il a peu d'exigences, excepté en affection. Il est souvent tolérant envers les enfants qui veulent le caresser, l'embrasser, parfois avec excès. Malgré ses longues plages de repos, il a besoin d'entretenir sa musculature, et vous aimerez alors contribuer au maintien de sa bonne forme, en jouant avec lui simplement.

### Les inconvénients

Le chat senior est plus fragile, plus sensible aux courants d'air et aux maladies. Il faut veiller à ce qu'il ait un régime alimentaire « senior », prévenir ou soigner son arthrose.

À la maison, s'il ne doit pas être privé de sport, il ne peut cependant atteindre des endroits en hauteur, il sera nécessaire d'aménager une aire de jeux à sa mesure. Ne sous-estimez pas son besoin de confort.

Enfin, il est préférable de l'emmener très régulièrement chez le vétérinaire.

## Mâle ou femelle ?

Le sexe n'est pas si important. En effet, à vivre auprès d'un mâle ou d'une femelle, on ne trouve guère de différence chez le chat d'intérieur, à partir du moment où il est stérilisé. Hormis si vous souhaitez le faire reproduire et savez où placer les chatons qu'il aura engendrés, cette pratique de la stérilisation est courante et nécessaire pour

## IDÉE REÇUE !

**Le chat est malheureux à l'intérieur.**

**Faux.** Il suffit d'aménager son territoire en différentes zones comprenant un coin repos, un coin repas, un coin toilettes, une aire de jeu et chasse, bien séparés les uns des autres. La domestication du chat a fait de lui un animal parfaitement adaptable entre nos murs. Et s'il lui faut un certain espace, mieux vaut qu'il vive heureux et câliné dans un studio que délaissé dans une grande maison.

son bien-être et pour une cohabitation agréable (voir pages 66-67).

## Mâle : très protecteur

### Les avantages

C'est un bon gardien. Il veille sur vous. Au moindre bruit, il a les oreilles qui tournent, est aux aguets. Vous voici averti. Très affectueux, il n'a d'yeux que pour vous. Sa présence est rassurante. Sa personnalité peut être plus forte et dominatrice que celle d'une femelle.

### Les inconvénients

Un peu plus gros que la femelle, il apprécie un espace légèrement plus grand. S'il n'est pas castré, il marque les objets, c'est-à-dire qu'il urine dessus. L'odeur puissante et tenace rend la vie à l'intérieur incommodante. Il quémande souvent derrière la porte d'une voix forte et insistante. En appartement, s'il n'y a ni balcon ni jardinet, il faut lui apprendre très tôt à rester entre quatre murs.

Il est souvent très possessif. Sa relation avec vous est parfois exclusive. Si votre conjoint est en déplacement, il arrive, qu'à son retour, le chat ne lui réserve pas un très bon accueil. Le risque vise autant le couple que le chat lui-même. Inutile qu'il se fasse un ennemi et devienne un mal-aimé.

## Femelle : comme une mère !

### Les avantages

Très douce, maternelle, elle est câline et proche, plutôt attentive envers les enfants.

Discrète et sensible, c'est une compagne attachante et réceptive à vos gestes et habitudes. Fine, elle semble deviner vos intentions. Elle ne vous quitte pas d'un coussinet.

### Les inconvénients

Elle doit nécessairement être stérilisée si vous voulez éviter les miaulements bruyants lors de ses chaleurs. Ils indisposent l'entourage mais aussi le voisinage lorsque vous êtes en appartement ; de plus, ils révèlent la frustration d'une chatte en manque de mâles.

Très intriguée par les bébés, elle peut être tentée d'aller dans le couffin ou le landau. Attirée par l'odeur du lait mais aussi par la peau douce du nouveau-né, elle se blottit contre lui, ce qui est bien sûr à proscrire. En voulant protéger le jeune enfant, elle risque de s'étaler sur lui et l'empêcher de respirer.

# Chat de race ou chat de gouttière ?

## Chat de race : habitué à la vie de famille

On peut s'interroger sur le fait de choisir un chat de gouttière ou un chat de race mais encore faut-il avoir la réponse à cette question : quelle race vais-je choisir ? Ce n'est pas un détail. Cela suppose d'être bien informé sur les races félines. Chacune a ses spécificités.

Certains chats de race ont besoin d'un grand espace : le Sibérien, le Maine Coon, le Chat des forêts norvégiennes, le Bengale. Selon votre mode d'habitation, trouvez la race adéquate, sans perdre de vue la notion d'entretien qui exige de la disponibilité et de la régularité. Certains chats qui s'adaptent bien dans nos appartements, comme le Persan, méritent réflexion avant l'achat : ce dernier doit être brossé tous les jours.

### Les avantages

Un chat de race est bien socialisé, il a été manipulé très tôt par l'éleveur. Cela représente un atout lorsque l'on dispose de peu de temps.

Enfin vous saurez à quoi le chaton ressemblera à l'âge adulte (si vous choisissez un jeune chat), d'un point de vue du physique mais aussi du caractère. Il suffit de se référer à son standard. Vous pouvez demander la photo de ses géniteurs à l'éleveur. C'est donc un chat qui répond à vos attentes.

### Les inconvénients

Si vous devez l'acheter, il faut prévoir un budget assez conséquent, entre 600 et 1 500 €. Mais on trouve aussi des chats de race dans les refuges.

Il est essentiel de veiller à accorder le milieu de vie aux exigences de la race. Prévoyez beaucoup de temps pour les soins, notamment pour un poil long, comme le Persan, ou un poil mi-long, comme le Sacré de Birmanie. Il est davantage fait pour la vie d'intérieur et sera donc étroitement surveillé lors de ses sorties dans le jardin.

Le chat de race peut être de santé plus fragile et d'une longévité plus faible.

## Chat de gouttière : d'une extraordinaire adaptation !

Le chat de gouttière, réputé débrouillard et malin, a toutes les chances de se conformer à votre milieu de vie. Plus que tout autre, il détient la capacité d'adaptabilité aux lieux nouveaux et aux situations nouvelles.

### Les avantages

Il est doté d'une bonne santé et d'une grande longévité. On peut envisager une vie commune durable et solide. Il est résistant et costaud, ne voit le vétérinaire qu'à l'occasion des rappels de vaccins.

Appréciez l'originalité de son pelage, court, parfois mi-long, aux teintes inattendues, et la couleur de ses yeux qui font de lui un chat unique. Le chat de gouttière est libre et n'a aucune obligation de correspondre au moindre standard.

### Les inconvénients

À moins d'avoir été élevé en appartement, il est attiré par l'extérieur. Il aime la vie au grand air. Surveillez ses allées et venues. Attention aux portes et fenêtres ! Mettez des grillages légers. Si vous possédez un jardin, clôturez-le.

## Chat d'appartement ou chat de maison ?

### Chat d'appartement : oui s'il est né en appartement !

De préférence, prenez un chat qui est né en appartement. À la différence d'un chat qui a déjà goûté à la liberté sans frontière, qui connaît le goût de l'herbe et la chasse aux papillons, le chat né entre quatre murs ne ressentira aucune frustration de se retrouver dans un décor identique. Au contraire.

### Les avantages

Vous obtiendrez la sérénité d'avoir un chat épanoui dans ses murs. Enfin, vous aurez cette tranquillité d'esprit : savoir que le chat est toujours là sous votre toit, la nuit comme le jour, à l'abri de tous les dangers.

### Les inconvénients

Vous avez tendance à culpabiliser en abritant un chat qui reste enfermé. Or, la domestication du chat a évolué. Vous devez être conscient du fait que c'est vous, par votre présence, votre attention, qui remplacez les sollicitations qu'un chat connaît dans la nature (bruits, odeurs, mouvements d'animaux).

Vous devrez aussi respecter, malgré tout, sa félinité en mettant à sa disposition un arbre à chat qui lui permet de grimper, comme il le ferait en pleine nature.

### Chat de maison : l'espace est son royaume !

Il aime aller d'un étage à l'autre, grimper les escaliers et agrandir son territoire.

### Les avantages

Sa liberté est immense. Il a tout loisir de sauter, grimper. Vous êtes dispensé de lui offrir un arbre à chat. Il est autonome, va et vient, organise son programme à son gré.

Vous êtes tranquille, votre chat ne manque de rien. Pour peu qu'il y ait un jardin, c'est le paradis, mais veillez à le clôturer avant son arrivée.

### Les inconvénients

Vous l'avez moins à l'œil. Il a ses coins et recoins, davantage de cachettes secrètes, il dessine son territoire d'un étage à l'autre, et son indépendance l'éloigne un peu de vous. À l'inverse de l'appartement où le chat et vous vivez dans la proximité, voire la promiscuité, le chat de maison fait sa vie comme il l'entend.

# Où aller chercher mon chat ?

Existe-t-il une **bonne adresse** pour trouver son chat ? Selon l'endroit choisi, on n'acquiert pas tout à fait le même compagnon. L'existence d'un chat de **refuge** est à cent lieues de celle d'un chat issu d'un **élevage** où il est éduqué pour vivre tout naturellement avec vous. S'il s'agit d'un chat d'animalerie ou d'un **chat de rencontre**, alors c'est à vous qu'il incombera de développer sa socialisation. Chaque cas mérite réflexion. Quels sont les avantages et les inconvénients ? Peser le pour et le contre vous donnera la bonne orientation.

## Dans un refuge

On compte plusieurs associations de protection animale, réparties dans toute la France. La plus importante est la SPA, Société Protectrice des Animaux, qui comprend 56 refuges en France. Pour la plupart de ces structures, le fonctionnement tient grâce au bénévolat – même si l'on compte des salariés – et aux dons. Une participation financière vous est demandée lorsque vous avez jeté votre dévolu sur votre chat. Cet acte s'inscrit tout naturellement dans la démarche de l'engagement et de la responsabilité vis-à-vis de son animal. Sachez que cela correspond aux actes médicaux qui lui ont permis d'être stérilisé et vacciné.

Pour trouver votre chat, vous avez l'embarras du choix. Il y en a de tous les âges, de toutes les couleurs : des tigrés, des mouchetés, des poils courts ou longs... Des chats de race et des chats de gouttière.

N'hésitez pas à questionner le personnel du refuge qui a pu observer chaque animal depuis son entrée.

### Les avantages

Soyez sûr que le chat choisi sera le plus heureux des chats ! Le refuge est une passerelle entre sa vie d'avant, l'abandon, et l'attente d'un meilleur avenir. Ce chat, qui a peut-être vécu au sein d'une famille, a au moins la chance d'avoir été confié à un refuge, où il est nourri et bien soigné. Vous avez le sentiment de faire une bonne action en l'emmenant avec vous pour lui donner toute l'attention et la tendresse qu'il mérite. Vous trouvez satisfaction et bonheur à le voir s'épanouir dans sa nouvelle maison. Vous sentez de sa part un véritable attachement, comme une sorte de reconnaissance à votre égard. Et vous avez la primeur de découvrir chaque jour un chat qui se révèle à vous.

Vous avez la garantie d'avoir un chat stérilisé et vacciné, parfaitement sain, ce qui est un atout considérable à la fois pour le chat et pour votre entourage, surtout s'il y a des enfants à la maison.

Vous obtenez des papiers de cession et le carnet de santé du chat. Vous êtes en règle.

### Les inconvénients

Ce chat, dont on ne connaît pas toujours le passé, est peut-être marqué par son vécu ; il a peut-être enduré quelques souffrances. Il risque de mettre davantage de temps à s'adapter qu'un chat qui a connu une vie plus douce. Vous devrez être disponible, vous investir pleinement pour comprendre ce chat. Il peut se montrer timoré, notamment s'il a été maltraité auparavant. Dans ce cas, il arrive qu'il soit moins rapide à aller dans son bac, et qu'il « s'oublie » à la maison. C'est précisément dans

Là, je me suis perdu, sauvez-moi !

ces moments-là qu'il faut une bonne dose de patience et faire preuve de psychologie – ne jamais le disputer, hausser la voix, mais le mettre doucement dans son bac en l'encourageant par les mots « fais ton pipi ». Est-ce si compliqué ? Et si cela ne marche pas la première fois, ce sera pour plus tard.

## Chez un éleveur

Vous y trouverez toutes les informations pour acquérir une race en particulier. Encore faut-il être bien informé avant de vous focaliser sur le Persan ou le Chat des forêts norvégiennes, le Chartreux ou le Sacré de Birmanie (il y a plus de 70 races !). Chacun a son caractère, son physique : poil court, mi-long ou long... Renseignez-vous auprès du Club de race et demandez l'adresse d'un éleveur. S'il y en a un près de chez vous, vous pourrez alors juger sur place. Privilégiez toujours les petits élevages sérieux.

### Les avantages

Votre animal est sain et vacciné. Il n'est pas stérilisé, ce qui vous laisse le choix de le faire reproduire et, s'il en a les capacités, d'en faire un chat d'exposition. Mais il peut être stérilisé s'il est vendu adulte en tant que chat de compagnie (à un prix de vente inférieur).

Vous gagnez beaucoup de temps en ayant un chat parfaitement éduqué et bien socialisé. Son adaptation est rapide, quasi immédiate, car il a vécu à l'intérieur, en compagnie de l'homme, et a été manipulé et caressé dès la naissance.

Vous obtenez les papiers qui correspondent au chat de race (certificat de naissance, carnet de santé, etc.), de plus votre chat est peut-être en attente de son pedigree.

Votre matou correspond à un standard, sa beauté et son caractère répondent à votre attente, ce qui n'exclut pas quelques surprises.

### Les inconvénients

Le prix d'acquisition peut paraître élevé – de 500 à 1000-1500 € ou plus en fonction de la race – mais c'est votre choix et c'est bien peu par rapport aux années de bonheur que vous allez partager !

Vous ne pourrez pas le laisser courir en toute liberté dans le jardin : prévoyez un harnais. Le chat de race n'est pas méfiant, car il est habitué à l'être humain, et n'a jamais eu l'occasion de chercher sa nourriture. Il risque de se faire voler.

## En animalerie

Attention, on peut être tenté d'acheter un chat en faisant ses courses dans un magasin dédié aux animaux, accessoires, alimentation, etc. Mais acquérir un animal demande réflexion. Même si les animaleries ont bien amélioré les conditions de détention des animaux, elles ne conviennent pas aux chats.

À l'inverse d'un petit rongeur qui peut s'épanouir dans sa maisonnette, le chat a besoin de son territoire. De surcroît, c'est pendant sa croissance qu'il acquiert les réflexes pour s'acclimater à la vie dans nos maisons. Seuls certains établissements font le nécessaire pour éviter tout traumatisme chez le chat en attente. Renseignez-vous sur les qualités d'accueil et de soins de l'animalerie. N'achetez pas un chat qui va se transformer en bête à chagrin parce qu'il n'était pas en bonne santé !

### Les avantages

L'achat y semble plus facile et plus rapide. Nul besoin de faire des kilomètres, de chercher, de comparer, de réfléchir... le chat est là, dans sa cage. Vous le choisissez parmi ses congénères. Il n'y a plus qu'à signer l'acte de vente proposé par le vendeur. Et en plus, vous êtes sur place pour lui acheter son équipement.

Mais cet avantage n'en est pas vraiment un. On n'achète pas un chat comme on acquiert un objet, au premier coup d'œil, au premier coup de cœur, sans connaître réellement ses besoins.

### Les inconvénients

Le chat en animalerie ne bénéficie pas des mêmes attentions du personnel que le chat en cage dans un refuge. Il est dans un lieu commercial où circule beaucoup de monde. L'atmosphère est parfois bruyante et ne ressemble en rien au cocon familial. Soumis à des contacts rapides et superficiels, le chat qui n'est pas socialisé risque d'avoir des difficultés à vivre dans une maison et en famille.

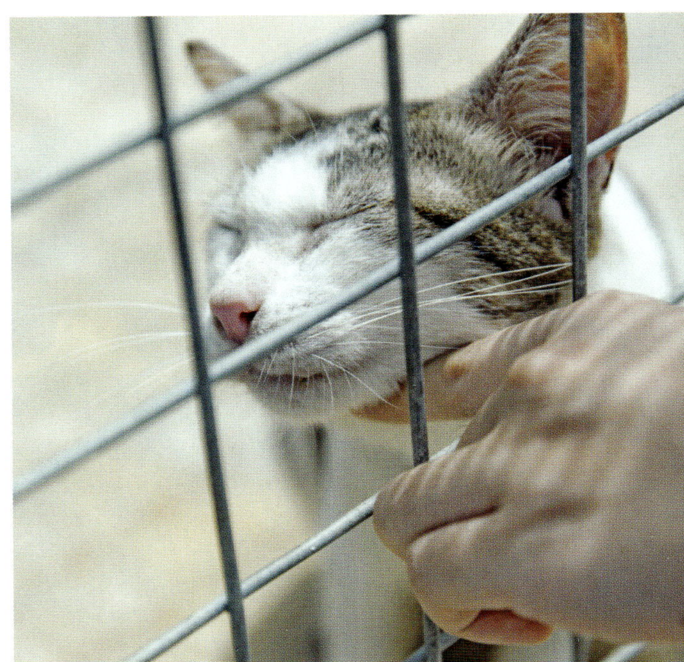

## IDÉE REÇUE !

### Pas besoin de dépenser de l'argent pour acquérir un chat !

**Faux.** Curieusement, on conçoit fort bien qu'il faut acheter un chien, mais pour acquérir un chat, il est hors de question de dépenser un centime ! On se dit que l'on tombera un jour sur un chat abandonné ! Pourquoi pas ? Mais on risque d'attendre longtemps. Achetez un chat, parce qu'il le vaut bien ! Rendez-vous dans l'un des lieux cités ci-dessus. Sachez encore une fois que son adoption dans un refuge implique un dédommagement pour les frais de vaccination et de stérilisation. Et le bonheur de trouver un nouveau compagnon mérite bien de justifier de votre générosité auprès des associations.

## Les annonces

On peut se fier au sérieux des annonces diffusées dans les magazines spécialisés ou encore aux affichettes exposées dans les cabinets vétérinaires.

Par le biais d'Internet, les annonces proposées par différents élevages ou sites (Le Bon coin, etc.) sont à utiliser avec beaucoup de précautions, car quelles sont les garanties quant à la bonne santé du chat, aux soins de l'élevage, aux arguments du particulier ?

### Les avantages

Vous trouvez un chat facilement, il suffit de se mettre en contact avec le vendeur qui vous présente l'animal en photo, vous donne des indications sur l'âge, la couleur, le caractère. Demandez l'adresse et il ne vous reste plus qu'à aller chercher votre chat. Le prix peut être avantageux, la gratuité n'est pas impossible.

### Les inconvénients

Vous risquez d'être déçu en voyant le chat, par rapport à la photo diffusée et aux arguments de « vente ». Et surtout, attention aux arnaques fréquentes ! Le chat est peut-être malade. On ignore la loi et on ne vous remet aucun document adéquat. Demandez toujours un acte de cession – obligatoirement signé par les deux parties – qu'elle soit gratuite ou payante.

## Chat du hasard

Vous l'avez trouvé sur un chemin, il semblait ne plus avoir de foyer – un chat « oublié » avant le départ en vacances, c'est classique. Il vous a suivi. Est-il pour vous ? S'il ne possède aucun tatouage – à l'intérieur de l'oreille ou de la cuisse – emmenez-le dans une association de protection animale ou chez le vétérinaire ou bien encore au commissariat de police. Ces établissements sont équipés d'un lecteur agréé pour interroger la puce, si l'animal a reçu l'identification électronique. On connaîtra son identité et l'adresse de son propriétaire. Si réellement ce chat n'appartient à personne, acceptez-le. L'identification est désormais obligatoire pour tous les chats de plus de 7 mois nés après le 1er janvier 2012.

Autre cas de figure : peut-être allez-vous hériter d'un chat que l'on veut vous donner en cadeau connaissant votre amour des bêtes.

### Les avantages

Vous avez très peu de démarches à faire (excepté les papiers nécessaires, même s'il s'agit d'un don). Un chat trouvé ou qui demeure près de votre maison, à vous guetter, à vouloir entrer, est un signe du destin. C'est très fréquent dans les histoires de chat.

### Les inconvénients

On vous offre un chat... vous ne l'avez pas choisi. Est-ce possible de bien l'accueillir ? Prendre un chat à contre-cœur n'est pas conseillé. Quoique... Vous pouvez avoir de très heureuses surprises et vous y attacher profondément. Alors, cet inconvénient est à prendre aussi comme un avantage ou une chance, n'en faites pas une généralité.

Le hasard fait bien les choses !

# Son arrivée à la maison

# Choisir son nom

S'il faut toujours « appeler un chat un chat », le vôtre doit avoir un nom, un vrai. Vous ne manquerez pas d'idées ! Le chat, de par **son physique, sa couleur,** mais aussi **ses attitudes** et **ses mimiques,** ne laisse pas à court d'inspiration. Et surtout, ce nom assurera **son identité** qui tissera le lien avec vous.

## Un choix ludique et affectif

Certains noms coulent de source : Noiraud pour un chat noir, Blanche pour une chatte blanche... Mais rien n'empêche d'affiner votre recherche. Selon qu'il est mâle ou femelle, tentez Moune ou Mounette, en songeant à sa douceur, sa rondeur ; Aristochat ou Mistinguette s'il (elle) est fier(fière) et maniéré(e). Les enfants ne tarderont pas à lui donner un diminutif, Kiki ou Fifi, facile à prononcer pour eux et plus facile à mémoriser pour le chat. Vous serez surpris de sa rapidité à comprendre et à répondre à son nom, qui, en fin de compte, lui colle à la peau !

Les noms de star sont d'ordinaire octroyés au chat de race, mais choisissez celui qui vous fait vraiment plaisir, qu'il ait du « sang bleu » ou non : César ou Chanel, ou mieux encore, Danaë du jardin d'Éden (en référence à la chatterie du jardin d'Éden) – rien que ça ! – ou tout simplement votre patronyme : Minet Dupont, qui n'est autre que son nom officiel, inscrit sur le carnet de santé et la carte d'immatriculation.

Tous les noms sont permis, sauf pour les animaux inscrits à un livre des origines. Pour eux, la première lettre du nom est imposée chaque année.

Choisissez-lui un nom original selon trois critères : sa couleur, sa silhouette, sa personnalité. Voici quelques idées.

## En fonction de sa couleur

| Noir | Blanc | Bleu | Gris | Roux | Isabelle | Tigré | Moucheté |
|---|---|---|---|---|---|---|---|
| Jaisy | Diams | Fleurbleue | Mistigris | Flammy | Arlequin | Sauvage | Minouchka |
| Magie | Harfang | Sky | Perle | Luciole | Capucine | Rayure | Mouche |
| Ninouche | Neige | Saphir | Gribouille | Rousty | Tricolore | Tigrou | Panthera |

## En fonction de sa silhouette

| Rond | Mince | Long | Petit | Enveloppé | Robuste |
|---|---|---|---|---|---|
| Babou | Scarlett | Déesse | Macaron | Papouf | Hercule |
| Luhna | Chatterton | Ficelle | Poucet | Sweety | Caïd |
| Pampelune | Diva | Goliath | Pocket | Chamour | Trofort |

## En fonction de sa personnalité

| Vif | Dormeur | Gourmand | Bavard | Fier | Drôle | Câlin |
|---|---|---|---|---|---|---|
| Apache | Cool | Pierrot | Texto | Artaban | Fantoche | Bisounours |
| Astuce | Sleepy | Loukoum | Motus | Gentlecat | Clown | Chachou |
| Speed | Mourmour | Praline | Virgule | Cléopâtre | Lol | Jolicœur |

### IDÉE REÇUE !

**Le chat ne comprend que le mot « chat » !**

**Faux.** Il aime son nom, sans doute parce que tel est votre choix et qu'il resserre vos liens. Il est également sensible aux sons. Prononcez joliment son nom. N'hésitez pas à y ajouter l'adjectif possessif, car le chat, contrairement à ce que l'on croit, aime vous appartenir. Et s'il ne devine pas immédiatement le sens de « mon » ou « ma », il capte le message d'amour et de sincérité à la manière dont vous lui parlez.

## En pratique

Outre l'aspect affectif et sympathique du choix du nom de votre animal, n'oubliez pas qu'il a aussi une grande utilité. **Du point de vue administratif :** il figure parmi les renseignements codifiés de l'identification électronique. Il est inscrit sur le carnet de santé, et permet au vétérinaire d'établir un protocole personnalisé. **Entre lui et vous :** il est fondamental pour communiquer avec votre chat. Si vous êtes en famille, le fait de l'appeler par son nom permet la distinction entre lui et les autres membres, mais aussi avec d'autres éventuels animaux. Le nom est aussi indispensable à l'éducation de votre petit compagnon. Pour l'inciter à aller dans son bac, le disputer s'il griffe ou crache, mieux vaut dire « Non, Mitzou ! ». Il cessera alors immédiatement sa bêtise, tandis qu'un « non » tout simple sera moins efficace, car le chat ne saura pas à qui l'on s'adresse.

L'appeler peut s'avérer utile pour lui éviter un danger. Si vous le voyez jouer les funambules sur le rebord de la fenêtre, prononcez son nom tout doucement – c'est la clé de la réussite dans cette situation –, il comprendra qu'il faut stopper là son exercice et revenir vers vous.

Enfin, ce nom qui idéalement reflète sa personnalité va désormais l'identifier au quotidien, mais aussi lorsqu'il sera au cœur de vos conversations. Et puis il sera lié à vos souvenirs, bien des années plus tard. Il arrive même que votre chat devienne un héros, parmi vos amis, voire dans les journaux !

# Ses petites affaires

Le chat ne doit manquer de rien à son arrivée. Voici la liste des affaires indispensables à détenir pour **bien l'accueillir.** Cet inventaire vous permettra de choisir ce qui vous semblera le mieux adapté à **son confort** et à **sa santé.**

### La caisse ou le sac de transport

Premier accessoire indispensable pour ramener le chat à la maison.
**J'aime :** la caisse en plastique lavable, imperméable et résistante (aux griffures).
**Je préfère :** étaler un linge sur le fond de la caisse de transport. C'est confortable pour le chat, et porteur des odeurs de sa nouvelle maison.
**Je n'aime pas :** la caisse en osier, peu facile à transporter et difficile à nettoyer.

### Le bac hygiénique

Caisse en plastique suffisamment grande et haute pour que le chat soit à l'aise lorsqu'il fait ses besoins.
**J'aime :** le bac hygiénique conçu pour être placé aussi bien dans les toilettes (accessibles en permanence) que dans la cuisine.
**Je préfère :** la maison de toilette, bac avec de hautes parois recouvertes d'un toit et doté d'une ouverture hublot. Son filtre anti-odeurs évite tout désagrément.
**Je n'aime pas :** les désodorisants à base de constituants chimiques que le chat déteste aussi et fuit alors son bac.

## La litière

Sous forme de granulés, elle se transforme en agrégats lorsqu'elle est imprégnée de déjections. Chaque jour, ôtez les boules à l'aide d'une pelle à litière ou d'un papier absorbant, et jetez le tout dans les toilettes. Biodégradable, économique, il n'y a rien d'autre à faire de plus... que la changer une fois par semaine.
**J'aime :** si elle plaît au chat, sinon il se retiendrait et risquerait des maladies.
**Je préfère :** les litières à base de matériaux naturels, qui semblent plus inspirer le chat.
**Je n'aime pas :** le sable, poussiéreux et nocif pour les bronches du chat.

## Les écuelles

Il en faut deux (une pour boire, une pour manger), lavables, en matière plastique, céramique ou acier et très stables, de manière à ce que le chat ne puisse les renverser.
**J'aime :** les écuelles adhésives, à poser sur le sol ou sur un tout autre endroit réservé à ses repas.
**Je préfère :** lui proposer un bol et une assiette.
**Je n'aime pas :** les écuelles en acier qui, à force d'être lavées, dégagent des odeurs de rouille qui dégoûtent l'animal.

## Le griffoir

Tapis à gratter en sisal, à suspendre à un mur ou à poser sur le sol.
**J'aime :** car c'est indispensable pour le chat qui doit user ses griffes... et épargner les pieds de chaise ou les poutres de la maison.
**Je préfère :** l'arbre à chat, plus complet, et vital si le petit félin vit en appartement. Style deux en un. Il est constitué d'un griffoir et de cubes en feutrine faisant office de cachettes.
**Je n'aime pas :** le carton ondulé, bon marché mais non durable, sitôt griffé, sitôt en miettes. Inutile.

## La corbeille

Panier en osier servant de coin repos. C'est un nid, une tanière, un doux refuge, rassurant pour le chat qui se trouve un peu perdu au moment de l'arrivée.
**J'aime :** une corbeille agrémentée d'un coussin moelleux, apportant le confort nécessaire au chat réputé gros dormeur.
**Je préfère :** rajouter un doudou, mis à sa disposition dans la corbeille, pour l'accompagner pendant ses nombreuses petites siestes.
**Je n'aime pas :** les corbeilles recouvertes de tissu synthétique, le chat aime les matières naturelles.

## Les jouets

Plumes, balles, bouchons suspendus, tunnels en tissu... On trouve toutes sortes de jouets. Il ne peut s'en passer.
**J'aime :** les jouets les plus simples, comme une ficelle, une pelote... qui jour après jour continuent d'attirer le chat qui ne doit pas cesser de jouer.
**Je préfère :** les jouets à mordiller, à traîner, à faire virevolter qui lui permettent de satisfaire ses instincts et de s'inventer des safaris.
**Je n'aime pas :** les objets mécaniques – souris qui tournent en rond –, que le chat méprise au premier tour de clé.

## La brosse et le peigne

Tout le nécessaire de toilette pour préserver sa beauté et assurer son hygiène, éliminer poussières, poils morts et parasites.
**J'aime :** une brosse ni trop douce ni trop dure, qui active la circulation du chat tout en éliminant les nœuds de sa fourrure.
**Je préfère :** une brosse en poils naturels qui respecte parfaitement son pelage, le fait briller et n'irrite pas la peau.
**Je n'aime pas :** tous les autres matériaux qui agressent le poil et transforment en corvée cette séance de toilette, source de plaisir pour l'animal et de complicité avec moi.

**IDÉE REÇUE !**

### Une brosse pour chat, ça ne sert à rien !

**Faux.** Malgré le temps qu'il passe à faire sa toilette, 2 à 4 heures par jour, il a besoin d'une séance de brossage et peignage afin d'éliminer les pellicules et les poils morts. Et c'est autant de poils en moins qui passent dans son estomac pour être transformés en boules qu'il va régurgiter sur la moquette.

# Installer ses coins à lui

À la maison, le chat aime se **sentir chez lui.** Pour cela, disposez ses petites affaires dans **les espaces qui lui sont réservés.** Et n'oubliez pas d'anticiper tous les **dangers,** des produits et plantes toxiques aux endroits à risque.

## Le coin repas

À la cuisine, dans un endroit sans passage, si possible isolé par des cloisons, attribuez-lui un large espace au sol entre deux meubles ou en hauteur sur un plan d'observation. Mettez à sa disposition son bol qui contient de l'eau fraîche et son assiette pour l'aliment humide ou les croquettes. Ne mettez jamais le coin repas à proximité du bac à litière. À coup sûr, il fera la grève de la faim !
**Pratique.** Vous pouvez opter pour les plats compartimentés, disponibles dans le commerce. Ils présentent l'avantage de bien séparer les aliments humides des aliments secs, le solide du liquide, et d'occuper moins de place.

**IDÉE PLUS !**

### L'herbe à chat ôte le goût des autres plantes.

Avec l'herbe à chat, il est comblé et perd l'envie de triturer l'azalée dans la salle à manger. Elle possède des vertus purgatives et émétiques, c'est-à-dire vomitives. Il régurgite les boules de poils qui logent dans son estomac, atténuant ainsi les spasmes des voies digestives. Vous en trouverez chez les fleuristes ou la cultiverez vous-même.

## Le coin hygiénique

Placez le bac à litière dans les toilettes ou dans une autre pièce. Il doit être à l'abri des regards, car le chat est pudique et fier !
**Pratique.** L'idéal est la « maison de toilette ». Elle préserve davantage l'intimité du chat. Enfin, lorsqu'il gratte sa litière, le périmètre de la maison demeure intact, jamais un petit caillou blanc semé sur le carrelage !

Quant à la litière, le bac doit être rempli aux trois quarts pour que votre chat puisse gratter, comme il le fait dans la terre, à l'état sauvage.
**Pratique.** Il existe des bacs dotés de deux compartiments étanches et toujours secs. La litière ne se jette pas. Les granules de particules végétales sont indéfiniment réutilisables.

## Le coin repos

Mettez sa corbeille avec son doudou dans un endroit tranquille de la maison (ambiance zen...), et exposé de préférence en plein soleil pour les siestes du jour, ou près d'un radiateur.
**Pratique.** Il se peut qu'il préfère un fauteuil, un vieux pull posé sur un tabouret, un bon coussin ou un coin du canapé à sa corbeille. Le chat a l'avantage de ne pas prendre beaucoup de place et de s'accommoder de presque tout !

## L'aire de jeu

Regroupez si possible le griffoir ou l'arbre à chat et les jouets. Vous pouvez ajouter un carton d'emballage, une boîte à chaussures qui feront office de cabane. Un refuge est le bienvenu pour le petit nouveau !

**Pratique.** Le circuit dans lequel il fait rouler la balle à l'intérieur d'un tube circulaire est divertissant et lui fera vite oublier sa timidité.

## Les dangers de la maison

Comment assurer sa sécurité ? Vous pouvez le retrouver dans un tiroir de commode, coincé derrière le frigo, caché dans le tambour de la machine à laver. Il se faufile partout, fait des entrechats sur le rebord des fenêtres.

La cuisine n'est pas de tout repos. Soyez vigilant, vérifiez qu'il n'y ait pas d'appareils ménagers à portée de patte… Il s'introduit dans le four de la cuisinière, curieux comme un chat, ou bien saute sur les plaques électriques encore chaudes, ou encore – gare à ses moustaches –, s'approche de la flamme du gaz. Attention à la poubelle ! Interdisez-lui de fouiner à l'intérieur. Rangez dans un endroit clos les produits d'entretien (eau de Javel, soude caustique) ou de jardinage (engrais), qui sont très toxiques.

Dans l'ensemble de la maison, protégez les fenêtres à l'aide d'un plexiglas transparent, d'un treillis en bois ou d'un grillage à mailles serrées. Disposez un pare-feu devant la cheminée. Fermez la salle de bains : il plonge dans la mousse… la baignoire pleine. Et aussi l'armoire à pharmacie : il peut avaler des médicaments en jouant avec un tube de comprimés. Attention à l'antigel dans le garage : il le confond avec du petit lait.

## Les plantes à éviter

Amaryllis, aucuba, azalée, cyclamen, dieffenbachia, mimosa du Japon, philodendron… une vingtaine de plantes d'appartement réservent des effets indésirables à nos petits félins. Troubles oculaires, brûlures cutanées apparaissent au moindre contact avec le latex des Ficacées, tels le caoutchouc, le ficus.

La plus redoutable des plantes d'appartement est le dieffenbachia. De la famille des Aracées, elle est à l'origine d'un cinquième des intoxications des animaux domestiques (dont les deux tiers sont précisément les chats). Votre compagnon risque des troubles rénaux au contact du philodendron, des troubles cardio-vasculaires causés par le rhododendron et le cyclamen, des troubles nerveux dus au pommier d'amour. Le croton, le poinsettia provoquent des brûlures cutanées. Gare aussi au tilleul d'appartement, l'allamanda, un petit arbuste à fleurs jaunes, le chrysanthème qui provoquent des dermites allergiques !

# Le jour J, on va le chercher

Quelle **joie** ! N'arrivez pas les mains vides et surtout n'ayez **aucune anxiété.** Cela ne ferait qu'accentuer celle du chat qui est un être extrêmement **réceptif aux états d'âme.** Écartez toute question du genre : mon chat va-t-il m'accepter ? Se sentira-t-il bien à la maison ? Car la réponse est oui, puisque vous avez ce livre en main et suivez ses conseils.

## Venir seul ou en famille ?

Si vous vivez en famille, l'envie d'emmener tout le monde pour aller le chercher est la plus forte, c'est la fête ! Or, c'est très impressionnant pour le chat. Il va se sentir encerclé, voire emprisonné au milieu de visages inconnus, ahuri par les différents sons de voix. Même si les enfants sont avertis et essayent de ne pas faire de bruit, l'allégresse qu'ils éprouvent ne peut les laisser de marbre. Ils gesticulent, chuchotent puis, malgré eux, laissent échapper des cris de joie… Le chat est affolé. Il arrive aussi qu'un autre chat de l'élevage, du refuge ou de tout autre endroit où se trouve votre futur petit compagnon, vienne au devant d'un enfant. En quelques secondes, les gais lurons deviennent inséparables. Ce qui vous amène alors à prendre deux chats ! Mieux vaut alors venir seul ou en couple éventuellement.

## Les acessoires à emporter

**Le sac de transport :** achetez-le de préférence quelques jours avant (voir page 42), de façon à ce qu'il soit imprégné des odeurs de la maison. D'emblée, le chat détecte son nouvel univers, son odorat performant lui livre des myriades de renseignements sur votre habitation et ses occupants. Une fois informé, il est rassuré. Pour l'attirer davantage et l'introduire sans forcer dans son sac, badigeonnez les parois d'un peu de Javel diluée. Cette odeur est attractive pour le chat. Enfin, pour plus de confort et pour éviter le contact avec le plastique, lisse mais froid, étalez une serviette de toilette sur le fond (là encore imbibée d'odeurs). En cas d'« oubli » de sa part, dû au stress, il sera moins en contact avec ses déjections.

**Un doudou choisi ou un jouet :** pourvu que ce soit doux et mou. Autant lui offrir tout de suite ce qui est à lui, rien que pour lui, et qu'il va s'approprier rapidement.

**De l'eau :** lorsque la température est élevée, et si vous repartez en voiture, en train… vous devez toujours apporter une écuelle (pliable, cela existe) et de l'eau pour éviter qu'il ne se déshydrate.

## L'approche

Le chat appréhende ce chamboulement. Il vous voit venir et va être contraint de quitter les lieux où il vit, sans même savoir où il va mettre les pieds. Comment l'apaiser ? C'est par votre voix, votre attitude que vous allez le rassurer. Parlez-lui doucement, le ton a plus d'importance que les mots, quoique… Si vous lui dites « C'est toi mon chat, je viens

Je crois qu'on va bien s'entendre.

## Vos différentes réactions selon l'attitude du chat

**Il vient vers vous.**

Cela vous réjouit, c'est acquis. No comment.

**Il vous snobe.**

Cela vous épate ou vous vexe. Rien de grave. Insistez. Le chat aime se faire désirer.

**Il ne veut pas venir.**

Cela vous tracasse. Rien de dramatique, car ne présage en rien des relations futures. Persistez.

**Il s'est échappé, se cache.**

Cela vous décourage. Patientez. Tout espoir est permis. Cette situation est plus fréquente qu'on ne l'imagine. Et s'il faut parfois le prendre d'autorité dans les bras, après avoir fait des contorsions pour l'attraper jusque sous un lit ou une armoire, il n'aura pas à le regretter. Quel bon foyer il aura trouvé !

te chercher », ça marche ! Sachez-le encore une fois, le chat comprend tout. Et il ne se lasse pas qu'on lui répète mille et un mots tendres. Caressez-le sur le dos, de la tête vers la queue, une fois, et encore, à vous de voir comment il réagit. S'il n'aime pas et s'il fait le peureux, n'insistez pas. Rien n'est perdu. Ce sera pour plus tard. C'est ainsi, le chat garde ses distances… au début tout au moins. Mais s'il ronronne déjà, est détendu, c'est gagné, vous avez beaucoup de chance.

Sachez qu'en plus des mots et gestes, un autre détail est capital : votre odeur ! Lors de votre première rencontre, privilégiez le naturel. Le chat aimera l'odeur de votre peau et de vos cheveux, mais risque d'être dégoûté par un parfum trop puissant. Attention, le chat déteste les notes d'agrumes. Évitez d'avoir l'odeur d'orange ou de mandarine sur les mains.

## LES IMPÉRATIFS !

### Pour un long trajet au retour.

Inutile d'apporter de la nourriture si vous allez chercher votre chat en voiture chez un éleveur ou dans un refuge : on vous fournit un sachet de croquettes ou d'aliments humides. Cela évite au chat de stresser pendant le trajet du retour – ses repas sont nombreux au cours d'une journée – et l'épargne des dérangements éventuels dus au changement de nourriture (entre celle du refuge et la vôtre). En revanche, vous devez prévoir de la nourriture si vous allez chercher un « chat du hasard » qui vous aurait été conseillé par un ami ou un voisin.
Quant au bac à litière, il est peu probable que le chat, qui aurait plutôt tendance à faire de la rétention lors d'un changement de situation, puisse se libérer au point de faire ses besoins. Malgré tout, si le trajet est long (cinq à six heures), il faudra lui proposer une pause-pipi. En aucun cas vous ne le sortirez de la voiture, il serait effrayé. Fermez les vitres, et installez-le dans le bac. S'il n'y a pas de résultat, n'insistez pas, cela se fera à la maison.

### Il vous griffe, feule, se débat.

Cela vous contrarie. Ce n'est pas qu'il ne vous aime pas. Mais attention, cela peut être un signe de désocialisation difficile à rattraper. À vous de savoir ce que vous voulez. Si vous êtes patient et souhaitez l'apprivoiser, vous serez récompensé par vos efforts. Mais pour cela, il faut beaucoup aimer les chats.

## Savoir pour mieux prévoir

En posant des questions à l'éleveur ou aux personnels du refuge sur le caractère de votre futur chat, ses

exigences, ses particularités, vous disposerez d'informations essentielles sur lui. Ainsi, vous aurez recours à des tactiques plus subtiles pour gagner son amitié.

## Le retour

Une fois le premier contact établi et les papiers signés (voir page 50), il n'y a plus qu'à l'emmener soit à pied, soit en voiture, soit en transports en commun.

**À pied :** parlez-lui tout le long du chemin, il est en terre inconnue et se sent un peu perdu.

**En voiture :** évitez le bruit, la musique à fond. Laissez-le s'habituer à votre voix, il veut vous entendre.

**Dans les transports en commun :** installez la caisse de transport sur vos genoux, et par l'ouverture, passez votre main sur son pelage. De cette manière, il sentira bien votre présence. Le bruit de la foule, l'ambiance de la ville perçue aux arrêts de bus ou le brouhaha de la gare sont autant d'agressions pour un chat novice en matière de transport. Il doit comprendre que vous êtes là, tout proche et protecteur.

# Les papiers de mon chat

Quelle que soit la manière dont vous avez acquis votre animal (adoption, achat ou don), on doit vous procurer des papiers. Désormais, **c'est votre chat,** il vous appartient. Ces démarches impliquent **votre responsabilité** et vous engagent dans votre future relation.

## L'adoption : un engagement

Voici les documents indispensables pour vous garantir notamment de tous les cas de perte ou de vol, et identifiant votre chat.

### L'attestation de cession

Ce document comporte deux signatures, celle du nouveau propriétaire (la vôtre) et le cachet de l'association, ainsi que les coordonnées de chacun, l'identité du chat et la date de cession. Alors votre chat devient quelqu'un. Il a un nom, une adresse qui est la vôtre. Ces renseignements vont être transmis à l'ICAD (Identifications des carnivores domestiques) par le biais de l'identification électronique. C'est un peu comme un fil à la patte. S'il s'égare, on vous retrouve. Un lien indéfectible grâce à la puce !

### La carte d'immatriculation

Ce document confirme l'identification de l'animal. Un volet est transmis à l'ICAD, un autre est conservé par le vétérinaire. L'identification, obligatoire depuis le 1er janvier 1992 (avant c'était sous condition), a pour but de protéger le chat en cas de perte. On peut retrouver son maître, et les chances sont augmentées sachant que les délais de fourrière sont deux fois plus longs. Enfin, le chat est protégé contre les vols et les expériences en laboratoire.

### L'identification électronique

Cette intervention est courante depuis la loi sur l'animal et la sécurité sanitaire, promulguée le 12 juillet 2001. Elle remplace le tatouage. Depuis le mois de janvier 2012, c'est le seul procédé

**IDÉE PLUS !**

### Formulaire d'acte de cession.

*Voici un exemple. Ce papier, dactylographié ou non, existe en deux exemplaires. Il est remis à l'acquéreur et au donateur. Il prouve que l'animal a fait l'objet d'un transfert. Nul ne pourra vous le reprendre. C'est aussi une preuve que ce chat vous appartient, en cas de vol. N'hésitez pas à imprimer sa photo.*

*Votre nom, votre adresse*

*Je soussignée, Louise Dupont, domiciliée à Verrières, faire acte de cession du chat Mitzou, au pelage blanc et noir, avec une tache rousse sur l'oreille droite, et aux yeux verts.*

*La cession est gratuite ou Le montant de la cession s'élève à la somme de X euros.*

*Fait à Verrières, le 15 juin 2014.*
*Signature du donateur*
*Signature de l'acquéreur*

d'identification officiellement reconnu. L'identification électronique est en outre indispensable pour voyager à l'étranger avec son chat. L'implantation de la puce est un acte indolore, ne nécessitant pas d'anesthésie locale (à la différence du tatouage), et réalisée exclusivement par le vétérinaire. Elle se déroule lors d'une simple consultation. Injectée au niveau du cou, côté gauche, elle assure une identification fiable et infalsifiable du chat, que ce soit au niveau national ou international.

Elle présente encore bon nombre d'avantages. Invisible, la puce évite les marques disgracieuses, comme celles à l'intérieur de l'oreille, où se concentraient avant tous les renseignements nécessaires : le nom et les coordonnées du propriétaire, la date de naissance de l'animal, la race, la couleur de la robe, le sexe et le statut reproducteur. Désormais, il suffit de décrypter un code à 15 chiffres.

## La doc sur le chat

Un document d'information sur les caractéristiques et les besoins du chat ainsi que des conseils d'éducation vous sont remis gracieusement.

## Le passeport pour animal de compagnie

Ce document atteste que votre chat a été vacciné contre le typhus, le coryza, la leucose, maladies non transmissibles à l'homme. Il comporte le nom du vaccin, le numéro et la date d'injection. Vous ne devez pas oublier les rappels.

## Vos papiers, svp !

Pour adopter un chat, vous devez apporter votre carte d'identité ou passeport, une quittance de loyer ou d'électricité.

Et là,
je suis supposé faire
quoi ?

## LES IMPÉRATIFS !

### L'annulation de la vente.

Lorsque l'on acquiert un animal en mauvaise santé, ou pire, atteint de maladies incurables ou « réputées contagieuses », on peut procéder à une annulation de vente.
Dans ce cas, on porte une demande de recours civil contre l'éleveur.
Cette requête a lieu si le vétérinaire, lors de la visite d'achat, établit un diagnostic de suspicion, portant sur les maladies qui entrent dans la catégorie des vices rédhibitoires. Ces maladies qui affectent le chat sont au nombre de quatre. Tenez compte du délai : 5 jours après la vente pour une leucopénie ; 21 jours pour la PIF ; 15 jours pour le virus leucémogène ; 15 jours pour le Fiv.

## L'achat, un choix

La loi du 22 juin 1989 oblige l'éleveur à vous remettre ces mêmes documents, à quelques variantes près. À noter que le carnet de vaccinations n'est pas obligatoire, mais courant chez les éleveurs sérieux. En principe, le chaton doit subir une primo-vaccination dès l'âge de 8 semaines (panleucopénie, viroses respiratoires, chlamydiose).

### Le pedigree

Ce document atteste des origines du chat (géniteurs, saillie, etc.). Il se peut que l'éleveur ne détienne pas le pedigree au moment de la vente. Mais la demande d'inscription du chat auprès du Livre officiel des origines félines (LOOF) doit avoir été effectuée.

Le pedigree est établi d'après la déclaration de saillie. Il est délivré aux éleveurs qui signalent les nouvelles portées au sein de leur élevage. Ce papier officiel comprend l'ascendance du chat sur 3 à 5 générations : son nom, sa date de naissance, son sexe, sa race, la couleur de sa robe et de ses yeux, la date de son inscription, son numéro d'enregistrement au LOOF et son numéro d'identification.

## Le paiement

Mieux vaut laisser des traces de son acte d'achat en effectuant un paiement par chèque plutôt qu'en espèces.

## Un chat donné, ce n'est pas rien !

Le seul papier obligatoire lorsque l'on vous donne un chat est l'attestation de cession. Donateur et acquéreur doivent se plier à la loi. La remise d'un papier attestant le transfert de propriété est une garantie de protection autant pour votre matou que pour vous. Imaginez que l'on veuille reprendre votre petit compagnon, vous seriez embarrassé et affecté et votre chat profondément malheureux.

# Le premier jour à la maison

Tout va bien se passer... À condition que vous soyez aux petits soins, car ce jour-là, en particulier, **votre chat a besoin de vous** ! Il n'est guère rassuré d'avoir quitté son milieu, son refuge. Il doit être **mis en confiance.** Et si c'est un chat du hasard, il faut lui laisser le temps d'appréhender son nouvel espace.

## Le tour du propriétaire

Prenez-le dans les bras afin qu'il se sente à l'abri, et faites-lui découvrir les lieux en l'amenant d'une pièce à l'autre. Il les repère, s'imprègne des odeurs. Puis, montrez-lui sa corbeille et son bac à litière.

## Qu'est-ce qu'il fait ?

Après le tour du propriétaire, divertissez-le avec la balle ou le plumeau, un de ses futurs jouets favoris. Enfin, mettez-le dans sa corbeille. Il doit pouvoir se reposer et se remettre de ses émotions. Le premier jour, il risque d'aller chercher un abri sûr – sous un lit ou une armoire – et de rester terré dans son coin. Ne vous faites pas de souci. Peu à peu, il va sortir de sa tanière.

## Que mange-t-il ?

Autre moyen pour l'apaiser, emmenez-le jusqu'à son coin repas. Il trouvera son bol d'eau fraîche et sa gamelle remplie de croquettes. Il est vivement conseillé d'utiliser la même nourriture que celle à laquelle il était habitué au refuge ou chez l'éleveur. D'une part, il peut se montrer difficile et refuser de goûter le nouvel aliment, d'autre part sa digestion risque d'être perturbée.

Par la suite, si vous souhaitez changer la marque des croquettes, faites-le progressivement, c'est-à-dire en mélangeant l'une et l'autre marque pendant au moins une quinzaine de jours.

Pour nourrir votre chat rencontré au hasard, sans doute affamé, proposez-lui un peu de nourriture maison (en attendant d'acheter des aliments spécifiques) : poisson, poulet ou steak haché, avec des légumes verts (courgettes) et du riz collé. Donnez-lui de l'eau du robinet. Puis, pour plus de facilité, habituez-le aux croquettes en vente chez le vétérinaire, en animaleries, dans les supermarchés ou sur Internet.

**LES IMPÉRATIFS !**

**Les impairs à ne pas faire.**

Le chat ne fait pas partie des murs immédiatement... Il se cache, ne se laisse pas caresser, menace... C'est normal. De votre côté, il y a des impairs à ne pas commettre. Le premier jour, évitez de passer l'aspirateur – surtout s'il n'est pas totalement silencieux –, le bruit va l'effrayer. Aussi, le bec chercheur de l'aspirateur qui se faufile partout, jusqu'à frôler ses coussinets, le fera fuir. Il se sentira poursuivi. Il risquera alors de disparaître de votre vue et ne pas quitter sa cachette pendant des heures.

## Chaton, adulte ou senior ?

On ne s'y prend pas de la même façon avec un tout jeune chat, timide et maladroit, un adulte qui n'est pas débarrassé de son vécu, ou un chat âgé qui veut la paix.

### Le chaton est intimidé

Pris de panique et maladroit, il saute n'importe où et risque de faire tomber des objets fragiles. Il réclame beaucoup de surveillance, car il n'a pas peur de se jeter dans la gueule du loup, c'est-à-dire celle d'un chien cent fois plus gros que lui !

Il est préférable, à la fois pour le rassurer et éviter les pots cassés, de le placer dans un endroit calme où il peut dormir sans être dérangé. Il entend les bruits, les voix, se familiarise, et sa peur finit par s'estomper. Attention à ne pas laisser un chaton seul à la maison !

### Le chat adulte est réservé

Il va se montrer plus discret. Il a probablement eu connaissance du milieu familial, du mode de vie à l'intérieur d'une maison, notamment s'il vient d'un refuge. Mais il doit se réadapter, et s'intégrer dans une nouvelle famille. On ne peut guère connaître à l'avance sa réaction.

### Le chat âgé aspire au calme et au confort

Isolez-le un certain temps juste après la découverte de la maison. Il pourra se reposer, assimiler les nouvelles images qui transforment son existence.

## En couple, avec enfant(s), avec bébé ?

En couple, on est deux à être attentif à lui. Le mieux serait de se partager les tâches. L'un distribue la nourriture et lui donne de l'eau, l'autre présente le bac à litière et l'introduit doucement à l'intérieur... Ainsi, le

chat partagera son attachement équitablement et tout le monde sera satisfait.

Le premier jour, les enfants (cela vaut aussi bien sûr pour un enfant seul) doivent faire attention à ne pas crier, ne pas s'agiter, encore plus si votre chat est âgé. Expliquez-leur que leur nouveau compagnon est intimidé dans ce monde qui lui est totalement inconnu. Dites-leur de patienter avant de le caresser. Et une fois le chat mis en confiance, ils pourront lui faire plein de bisous et câlins. Il s'imprégnera de l'ambiance, des odeurs, des sons qui vont lui devenir rapidement familiers.

Si vous avez un bébé, soyez rassurant. Votre animal est stressé par ce petit être qui pleure et s'agite comme un ver. Prenez-le dans les bras et, tout en lui parlant, montrez-lui le bébé en train de dormir : « il faut être gentil avec le bébé, il ne faut pas grimper sur le lit »... À force de parler et de répéter, le chat comprend parfaitement votre langage. Appelez-le lorsque vous donnez le biberon ou allaitez, de manière à ce qu'il ne se sente pas isolé. Ce n'est pas en séparant l'un et l'autre que vous obtiendrez des résultats satisfaisants, mais c'est en les rapprochant, tout en restant vigilant évidemment. Au fil du temps, il considérera le bébé comme son petit protégé !

## Avec les autres animaux

À son arrivée, le chat n'est pas en position forte face aux autres animaux de la maisonnée.

Quand il y a d'autres chats, mâles ou femelles, il pénètre sur leur territoire et, à leurs yeux, est un intrus. Observez la scène d'approche en intervenant le moins possible. Cela commence par des séances de flair, qui sont autant de réseaux d'informations. Si le nouveau venu suscite quelques feulements et petits coups de patte, protégez-le, venez à son secours en le prenant dans vos bras. Et les autres comprendront vite qu'il leur faudra accueillir votre petit protégé. Laissez-leur encore un peu de temps pour faire connaissance et ils seront bientôt comme des larrons en foire.

Entre chien et chat, les présentations sont un peu plus difficiles. L'une et l'autre espèce ne possèdent pas le même code, d'où l'expression « s'entendre comme chien et chat ». Le chat joue les gros durs, aucun chien ne lui fait peur, il crache, sort les griffes, tente l'intimidation. Il se sent agressé dès que le chien agite la queue. Un vrai dialogue de sourds ! Surveillez cette première rencontre notamment si vous possédez un terrier, peu enclin à faire ami-ami avec un petit félin. À quand l'entente cordiale ? Une fois passée la série des quiproquos et des malentendus, ils deviendront de bons amis.

Si vous possédez des rongeurs ou oiseaux de compagnie, la vigilance est de rigueur, notamment pendant leurs heures de liberté. Le courant passe bien entre le chat et le lapin nain, le cochon d'Inde, le chinchilla, mais l'instinct de prédation prend le dessus avec le hamster, la souris. Avec les oiseaux protégés dans leur habitacle, ayez l'œil au tout début, et lorsque le chat aura cessé de l'associer à une proie, en réalisant qu'il est un animal de la maison, la cohabitation deviendra acceptable. Attention ! Une fois à l'extérieur, il cesse de considérer les autres animaux comme étant ceux de la maison. Si, par exemple, vous sortez votre lapin nain, vous devez nécessairement le mettre dans un abri fiable, doté d'un grillage.

# Sa première visite chez le vétérinaire

Dès le premier rendez-vous, la santé de votre nouveau compagnon est sous surveillance et vous êtes **tranquillisé.** Cette première visite crée **le lien entre le vétérinaire, l'animal et vous.** Vous aurez désormais le réflexe de téléphoner au praticien – ou à son assistante – si vous détectez une anomalie, afin de prendre conseil et d'amener le chat en consultation si nécessaire. Cela vous évite de vous poser des questions qui restent sans réponse.

## En quoi est-elle utile ?

Cette première visite implique que le vétérinaire « voie » votre chat. C'est tout autre chose qu'un renseignement par téléphone ou une navigation sur Internet. Elle s'impose dans tous les cas de figure.

Elle est indispensable, qu'il s'agisse d'un chat du hasard, qui s'est pointé devant votre porte ou d'un chat que l'on vous a donné. Il doit être vacciné, notamment s'il a des contacts avec ses congénères ou s'il a l'occasion de sortir de la maison – le chat est sensible aux coups de froid et risque le coryza. De surcroît, vous déciderez peut-être de le faire stériliser.

Quant au chat que vous allez chercher au refuge ou chez l'éleveur, il a beau être vacciné et donc protégé contre les maladies – à condition qu'il ait ses rappels annuels de vaccination –, il ne saurait échapper à cette première visite. Elle permet, en effet, de vérifier si votre chat se porte bien.

Si vous l'avez acheté dans une animalerie ou par Internet, il appartient au vétérinaire de constater que l'animal n'est pas atteint d'un vice rédhibitoire impliquant dans un délai rapide un recours auprès du vendeur (voir page 53).

**LES IMPÉRATIFS !**

### Le chat traîne la patte…

En France, 4 % des propriétaires d'animaux domestiques contractent une assurance pour animaux contre 30 % au Royaume-Uni (où ce système existe depuis plus de 40 ans), ou encore contre 80 % en Suède. Le pourcentage semble assez faible pour l'Hexagone, qui, avec ses 63 millions d'animaux domestiques s'impose comme le premier pays de l'Union européenne à en posséder autant.
Enfin, le chat – 11,41 millions d'individus contre 7,42 millions de chiens – traîne la patte, ou plutôt les maîtres en matière d'assurance. Parmi les animaux assurés, seulement 25 % sont des chats et 75 % des chiens.

## En quoi consiste-t-elle ?

Cette première visite chez le vétérinaire est tout d'abord une présentation de votre protégé. Le voici dans « les petits papiers » du véto. Il est enregistré au même titre que les autres « patients ». Il a son dossier. Vous serez averti des prochaines visites à effectuer. Il traite votre chat et non le chat en général.

Non, non,
je ne stresse pas !

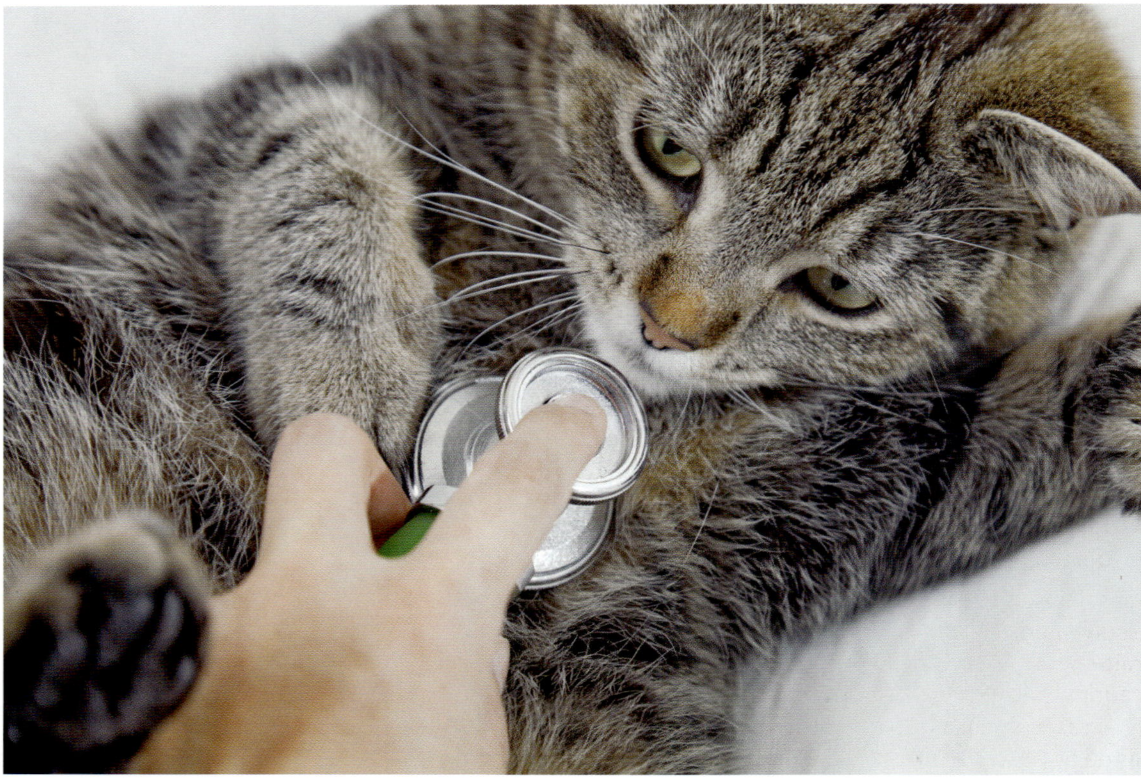

Puis il ausculte ses oreilles, ses yeux, sa bouche, ses parties génitales. Il vérifie les battements de son cœur à l'aide du stéthoscope, observe sa peau et son poil. Il fait un bilan de santé. Le chat est vermifugé, protégé des parasites.

En outre, le vétérinaire donne des conseils sur l'hygiène et sur l'alimentation, en fonction de l'âge, de l'activité du chat. Il indique le protocole à suivre tant au niveau de la vaccination que de la prévention antiparasitaire (puces, tiques, etc.). Les dates de rappels sont mentionnées sur le carnet de santé. En principe, vous n'avez guère de souci à vous faire. En appliquant bien toutes ses recommandations, votre chat, protégé contre les maladies mortelles, n'aura rendez-vous à la clinique vétérinaire que pour les rappels annuels.

**IDÉE REÇUE !**

### Les vaccins donnent le cancer !

**Faux.** Malgré les rumeurs, nées en 1990 aux USA, le lien entre la tumeur cutanée, tel le fibrosarcome, et le vaccin n'a jamais été prouvé. Par mesure de précaution, les laboratoires ont éliminé les adjuvants irritants des vaccins afin de diminuer l'inflammation sous-cutanée chez certains animaux.

À noter, on ne le dira jamais assez, qu'un chat non vacciné risque des maladies infectieuses mortelles.

## Le carnet de santé

Ce document est remis par le vétérinaire lors de la première visite. Il regroupe bon nombre d'informations : les vaccins (date, nom) et les rappels à prévoir, le suivi médical, le calendrier d'administration des traitements antiparasitaires, des conseils et informations utiles – coordonnées de votre vétérinaire, numéros d'urgence (centre antipoison, contacts en cas de perte de l'animal).

Il doit être tenu à jour, car vous aurez à le présenter à certaines occasions : lorsque vous confierez votre chat à une pension et si vous l'emmenez à l'étranger, car il atteste qu'il est identifié et vacciné, en particulier contre la rage. Sachez que ce carnet est désormais remplacé par le passeport européen (voir page 51), également remis par votre vétérinaire. Et si un jour vous êtes amené à donner votre chat, de préférence à quelqu'un de confiance, parce que votre enfant fait des allergies, vous devrez alors lui remettre ce passeport.

## Une assurance pour votre chat

**L'objectif ?** Permettre à votre chat d'accéder aux meilleurs soins, pour qu'il vive le plus longtemps possible à vos côtés et en parfaite harmonie.

**L'avantage ?** Vous êtes remboursé des frais occasionnés par un accident, une intervention chirurgicale ou des dépenses liées aux maladies (analyses, radiographies, médicaments). Ajoutez les frais de vaccination, de garderie en cas de votre propre hospitalisation, etc. Il existe bon nombre de mutuelles ou compagnies d'assurance pour animaux. Une « Charte pour la collaboration entre les docteurs vétérinaires et les sociétés d'assurances médico-chirurgicales pour animaux de compagnie » a été signée.

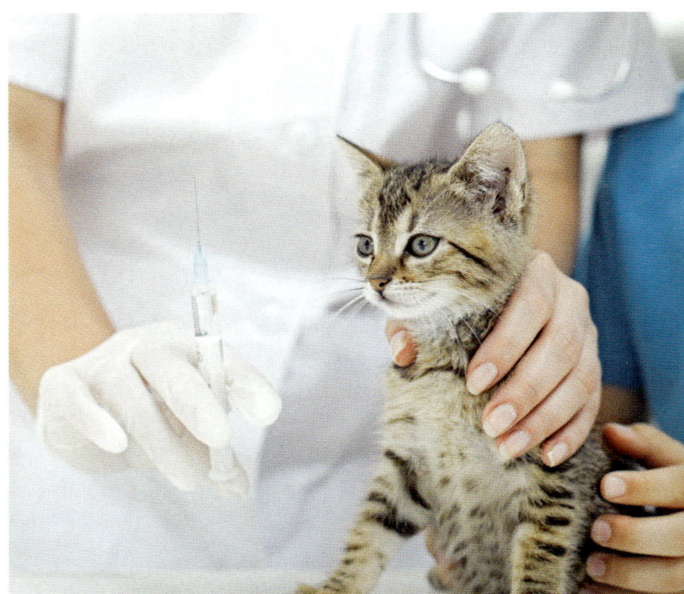

# Sa vie au quotidien

# Qui dois-je être pour mon chat ?

*C'est une belle histoire qui commence, et pour vous, le début d'un engagement.* ***Le connaître, le comprendre, l'aimer…*** *c'est la formule magique qui résume les relations entre vous et votre petit compagnon. Vos responsabilités ne sont pas seulement d'ordre administratif ou matériel, vous êtes aussi* ***un ami*** *complice et tolérant,* ***son protecteur,*** *son parent éducateur (surtout si c'est un chaton)… Et finalement la personne idéale pour votre chat !*

## Compréhensif

Il est important, pour bien comprendre sa personnalité, de tenter de décrypter ses codes et ses mystères, afin de l'aider à s'épanouir. Chaque chat a son caractère et ses petites manies. Il suffit d'observer les chats de race : le Persan veut être tranquille sur un canapé ; l'Abyssin est méditatif et adore vivre en hauteur ; le Chat des forêts norvégiennes est tendre et subtil mais il est aussi un grand aventurier ; le Siamois, un peu « pot-de-colle », est en mode bavardage illimité... La personnalité du chat de gouttière est inattendue et c'est aussi ce qui fait son charme. En l'observant, vous connaîtrez ses goûts.

N'oubliez jamais que les deux choses primordiales pour votre petit animal sont sa maison et vous. C'est essentiel pour comprendre son comportement et mettre à sa disposition tout ce qui est nécessaire pour le satisfaire : chatière, harnais, sac de transport, arbre à chat, maison pour chat, distributeur automatique... Toutes ces attentions montrent que l'on a étudié ses besoins avec soin afin d'embellir son quotidien. Le chat aime être chez lui. Il possède son domaine et s'arroge le droit de propriété. Il est à l'aise partout.

## Tolérant

Respectez sa liberté. Il apprécie d'organiser son temps, de dormir selon son gré, de s'approprier plusieurs coins de la maison, de faire des câlins aux moments choisis. Ne le forcez pas lorsqu'il veut mettre fin aux séances de « mamours ». Laissez-le aussi s'adapter à votre rythme et vous accompagner dans vos activités.

## Protecteur

Outre le fait que vous le préservez de toutes sortes de maladies, mettez-le à l'abri de tous les dangers (voir page 45). Sachez que la stérilisation (voir pages 66

et 67) l'empêchera de prendre la clé des champs sitôt entrevu le joli minois d'une chatte en chaleur. Évitez-lui les pires bêtises : tomber de la fenêtre, « prendre son envol » au-dessus de la rambarde, escalader les toits de l'immeuble, ou le mur du voisin. Clôturez le jardin, protégez les fenêtres.

## Un parent éducateur

Lui apprendre le savoir-vivre est incontournable, surtout lorsque vous avez affaire à un chaton, turbulent et vif comme l'éclair. Toutefois, il ne demande qu'à apprendre ! Pour cela, appliquez le programme de son éducation avec méthode (voir pages 74 à 77), mais n'abusez pas de votre autorité – un chat n'est pas un chien et ne cherchera jamais à vous dominer. Soyez mesuré et patient pour obtenir les résultats escomptés. S'il fait des bêtises, montrez que vous n'êtes pas content mais ne portez pas la main sur lui et n'insistez pas. Le chat est fier et susceptible. On n'oblige pas le chat. Il décide.

## Son ami

Votre matou vous apporte de l'affection à tous moments, il est toujours là pour vous. Offrez-lui de la tendresse, et plus il sera doux et proche de vous. Il vous connaît par cœur. Il a envers vous une confiance absolue, vous ne sauriez le trahir. Plus vous vivez avec lui, plus vous lui serez attaché. Votre relation, indéfectible, est unique.

# Respecter le chat

Nul n'est censé ignorer la loi du 10 juillet 1976 relative à la protection de la nature (article 9 de la loi n° 76-629) : « Tout animal étant **un être sensible** doit être placé par son propriétaire dans des conditions compatibles avec **les impératifs biologiques de son espèce** ». Le chat identifié, vacciné, s'impose par son statut. Grâce à ces réglementations, il bénéficie de **mesures de protection** et est mieux intégré dans la société.

## La stérilisation

Le respect commence par la stérilisation, aussi contre nature que cela puisse paraître : d'une part, on ne fait pas reproduire les chats dont on éliminerait les chatons ; d'autre part, elle est nécessaire pour l'hygiène de vie en appartement.

Elle consiste en l'ablation des organes reproducteurs chez le mâle ou la femelle. Le mâle subit la castration ou l'ablation des testicules. Chez la femelle, on parle d'ovariectomie ou d'ablation des ovaires. Cette pratique courante depuis de nombreuses années en France et aux États-Unis évite la surpopulation de l'espèce féline. Un million de chatons meurent chaque année pendant que les associations de protection animale dépensent un million d'euros pour la stérilisation des chats... Drôle d'équation ! Il serait temps d'accorder nos violons.

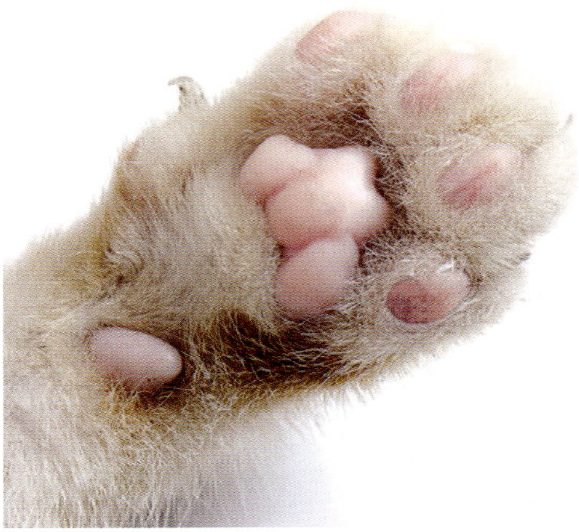

La stérilisation peut être pratiquée dès l'âge de 5 mois. Cela n'affecte en rien la santé, le comportement et la sérénité du chat. Elle le protège contre les maladies sexuellement transmissibles d'origines virales, les bagarres entre mâles qui occasionnent de nombreuses blessures. Cela évite également l'extension de son périmètre de promenade et donc la multiplication des risques d'accidents. Un chat stérilisé vit deux fois plus longtemps et nécessite deux fois moins de frais vétérinaires durant sa vie. Rappelons que la stérilisation pratiquée dans les cabinets vétérinaires est proposée dans les dispensaires des associations de protection animale.

Enfin, la stérilisation épargne moult désagréments et souffrances dans la vie en appartement. Quand la chatte est en chaleur, et qu'elle ne peut être honorée,

## LES IMPÉRATIFS !

### Non à l'abandon.

*Vouloir un chat, c'est pour la vie ! Et il peut vivre quinze ans ou beaucoup plus. Mieux vaut bien réfléchir, avant de vous décider. Une fois que vous avez accueilli votre chat, vous ne devriez jamais avoir l'idée de vous en séparer, excepté dans des circonstances particulières et imprévues (en cas de maladie grave de l'un ou de l'autre, par exemple).*

cela devient insoutenable pour tout le monde. Pour le mâle non castré, les émissions d'urine extrêmement malodorante et tenace sont invivables.

## Halte aux pratiques barbares !

Respecter le chat c'est l'aimer dans son intégralité. Pour qui ne supporte pas les poils de chat sur les vêtements, tapis, moquettes, ou les griffures sur les rideaux, canapés, fauteuils... autant jeter son dévolu sur un autre animal ou pas d'animal du tout. Cette non-acceptation conduit à des actes cruels, d'où l'interdiction de pratiquer l'ablation des griffes du chat. Une loi européenne a été ratifiée par la France en avril 2004. La Convention pour la protection animale édicte toute une série de mesures en faveur du bien-être des animaux domestiques. Ce texte précise que « les interventions chirurgicales destinées à modifier l'apparence d'un animal de compagnie ou à d'autres fins non curatives doivent être interdites et en particulier la coupe de la queue, des oreilles, la section des cordes vocales, l'ablation des griffes et des dents ». En France, il existe une dérogation pour la coupe de la queue.

## Le chat dans nos petits papiers

Le chat bénéficie d'un statut qui marque sa reconnaissance officielle et le considère comme un individu (voir pages 50 à 53 et 60 à 61). Identifié, enregistré à l'ICAD, le chat est suivi à la trace. Le vétérinaire l'a aussi à l'œil. Toutes ces démarches ne font que renforcer le respect du chat dans la société.

« Une société ne peut se dire ni civilisée ni socialement évoluée, si elle ne respecte pas les animaux », déclarait le Professeur Alfred Kastler, Prix Nobel de physique, dans la même lignée que Gandhi. D'où la nécessité des associations de protection animale. En respectant le chat, en luttant contre la cruauté, l'abandon, on redonne également à l'homme sa dignité.

# Comment bien l'intégrer ?

La place du chat varie selon la **composition de la famille.** Seul, en couple (quel que soit l'âge), avec ou sans bébé, enfant, adolescent… il s'agit surtout de **bien vivre ensemble** selon ces différents cas de figure, mais aussi de faire en sorte que cela dure ! Car des événements au cours de la vie peuvent bouleverser l'ordre des choses.

## Seul(e) avec le chat, la fusion

À vous de déterminer dès le départ quels lieux lui seront réservés et seront accessibles en votre présence. L'essentiel pour le chat, c'est votre compagnie. Quel que soit votre âge ou votre statut, il vous aime comme vous êtes.

**Femme :** il vous suit presque partout, à la cuisine, dans le bureau, devant la télé, et même parfois dans la douche. C'est indéniable, vous aurez l'impression que c'est un peu votre « bébé ». Ne soyez pas avare de tendresse. Il veut des câlins et n'a que vous pour lui en faire.

**Homme :** vous formez un duo parfait. Le chat ne prend pas beaucoup de votre temps. Il reste à la maison à vous attendre patiemment. Si vous faites du sport ou êtes

accaparé par vos amis, compensez vos absences répétées en le gardant tout près de vous pendant les repas-télé, les soirées « Internet », etc. Des soirées « ronron » que vous apprécierez autant que lui.

**Jeune adulte :** lorsque vous organisez une fête à la maison, n'ignorez pas pour autant votre petit félin habituellement bien choyé. Il faut donc avoir les yeux sur lui. Présentez-le à vos amis, il deviendra vite l'attraction de la soirée ; le chat se prête au jeu. Il s'adaptera à votre emploi du temps. C'est vous qui sortez ? Il vous attend sagement, mais n'abusez pas de sa patience.

## L'enfant-chat en couple

### Le chat choisit ses amitiés

Les spécialistes ont observé que le chat, à la maison, a tendance à se diriger vers la femme lorsqu'il a faim. Ce qui ne veut pas dire que l'homme n'est pas à la hauteur. Le chat est en quête de douceur maternelle et sait y faire. Que la femme ait ou non un enfant, il se comporte comme son bébé-chat. Et la femme-mère le prend à son tour pour le « petit dernier », une fois son ou ses propres enfants partis de la maison.

Tout cela n'est pas une caricature, un trait exagéré du comportement, c'est une vérité établie par les éthologues. Ils évoquent une tendance à la néoténie chez le chat, appelée plus communément « le syndrome de Peter Pan », c'est-à-dire le fait de vouloir rester petit. Ceci explique cela.

Chez l'homme, le chat recherche une autre qualité, celle de communiquer par le jeu. Il a l'occasion de se dépenser, courir après la balle. On se taquine, c'est excitant. Le chat est tout aussi attiré par les hommes calmes et réfléchis. À noter que, comme tous les êtres humains, il peut avoir une préférence pour un membre du couple. Ce serait dommage de prendre la mouche ! C'est la raison pour laquelle il n'est pas rare qu'au sein d'un couple il y ait deux chats. À chacun son chat !

### Le chat s'adapte tout naturellement

Il adopte le rythme de la journée, matin, midi et soir, puis de la nuit, calme et silencieuse. Rien ne vous empêche de réaliser ce que vous avez à faire. Il se mêle à vos activités, la lecture, l'écriture, la télé, l'ordinateur, la cuisine… tout lui plaît, ou bien il peut rester seul. Il est peut-être moins accro au bruit de la perceuse ou de l'aspirateur… Sa curiosité doit être toujours attisée. Au sein du couple, le chat est comme un coq en pâte. Tantôt près de l'un, tantôt près de l'autre et le plus souvent au milieu de ses deux amours. Sa présence est bénéfique, le chat est pour la paix des ménages.

**LES IMPÉRATIFS !**

### Le chat dans le lit, pas de conflit !

*Il faut réellement se mettre d'accord au sujet de la place du chat : a-t-il le droit de rester dans la chambre ? Peut-il venir sur le lit ? Vous, seul(e) ou avec votre conjoint, pouvez peut-être trouver un compromis : c'est-à-dire le garder dans la chambre s'il reste sagement dans sa corbeille, ou bien sur une chaise, ou encore le tolérer au bord du lit s'il ne vient pas attaquer vos pieds sous la couette !*
*Dans ce cas, pensez à mettre un bol d'eau à sa disposition, et n'oubliez pas de lui donner à manger à la dernière minute, cela vous évitera des miaulements insistants de bon matin. Aussi, assurez-vous qu'il ait fait ses besoins.*
*Il peut notamment vouloir s'accaparer la personne qu'il chérit le plus et importuner ainsi votre couple. À vous de mettre les points sur les « i ». Le chat comprendra et acceptera une autre place… non loin de vous.*

## Entre chat et enfant(s), quelques pas À RÉGLER

Accompagnez votre ou vos enfants dès les premiers contacts avec le chat. Cette découverte mutuelle n'est pas toujours évidente. Ils sont impatients et croient déjà posséder le chat qu'ils ont tendance à confondre avec un jouet ou une peluche. Mais le chat est un animal, un être vivant, et pour devenir son ami, il faut le « caresser dans le sens du poil ». Voici quelques conseils.

### Présence

Soyez là pour assister aux premiers moments de cette nouvelle vie. L'enfant est vif, impulsif, ignore les réactions du chat. Or, il accumule les maladresses. Il crie de joie, heureux d'avoir un beau petit compagnon et cela effraie l'animal. Il veut absolument le toucher, le caresser, mais le chat n'est pas forcément docile – tout dépend de son éducation antérieure. Et s'il est timoré et surtout peu confiant vis-à-vis de l'enfant malhabile, le chat se rebiffe. Il se défend.

### Sensibilisation

Informez, sensibilisez l'enfant sur le comportement du chat. Expliquez-lui que son nouveau compagnon est intimidé, car il ne connaît ni la maison ni la famille, les bruits le terrorisent, les gestes vifs le font sursauter, il voudrait être dans une cachette pour être à l'abri. Incitez l'enfant à garder ses distances au début, tout d'abord pour laisser au chat le temps de se familiariser avec son nouvel environnement et sa nouvelle famille, mais aussi de manière à lui éviter le moindre accrochage (coups de griffe, feulements).
Astuce : au cas où le chat feulerait et menacerait l'enfant, il ne faut pas dramatiser. L'enfant est sur ses gardes. Pendant ce temps, calmer, rasséréner le chat, en le caressant. En assistant à cette scène, l'enfant percevra qu'il faut être compréhensif et tolérant envers le chat.

### Mise en garde

Apprenez à l'enfant que le chat veut se défendre parce qu'il craint qu'on lui fasse mal. Expliquez brièvement la morphologie du chat, ses pattes armées de griffes, ses mâchoires dotées de crocs, son miaulement qui peut être doux ou aigu, etc. Et soyez ferme : le jeune enfant doit faire attention à ne pas tirer les poils du chat et encore moins sur la queue. Il faut lui expliquer que cela lui fait mal, d'où son réflexe de passer à l'attaque pour se défendre.
Astuce : parlez au chat pour l'apprivoiser, le rassurer, mais aussi pour donner l'exemple à votre enfant, qui voudra vous imiter. Il se mettra à converser doucement avec lui, selon ses mots, que de toute évidence, le matou comprendra !

## Pense-bête

| À faire | À ne pas faire |
|---|---|
| Marcher à pas lents | Le poursuivre en courant |
| Avoir la voix douce et calme | Pousser des cris |
| Prononcer le nom du chat | L'appeler sans le nommer |
| Le caresser délicatement | Attraper la queue |
| Le laisser dormir | Le réveiller en sursaut |
| Lui parler gentiment | Lui donner des ordres |
| Manifester de l'intérêt pour lui | L'ignorer |

## Vers l'entente progressive...

Peu à peu, le chat va rechercher l'amitié de l'enfant. Intrigué par ses jeux, il voudra se mêler à ses divertissements. Il risque parfois d'y avoir des pleurs et des grincements de dents, pour peu que le chat démolisse les constructions, s'étale sur le clavier de l'ordinateur et efface les scores du jeu vidéo, ou renverse le pot à crayons !

Pendant la scolarité, et notamment au cours des devoirs à la maison, la compagnie du chat deviendra bénéfique pour nos chères têtes blondes. Curieux, il aime le bruit du stylo sur le papier ou le va-et-vient de la souris devant l'écran de l'ordinateur. Il assiste à toutes les leçons, histoire, géographie, fables de la Fontaine, etc. Sa présence est à la fois rassurante et stimulante.

Il se peut aussi que l'enfant réclame le chat dans sa chambre. Quelles seraient les raisons de vous y opposer ? Les risques de maladies ? Drôle d'idée ! Le chat à la maison, bien soigné, est sain, il ne représente aucun risque pour votre progéniture. Il empêche le petit de dormir ? Drôle d'idée encore ! Le chat lui-même est un gros dormeur et aura tendance à communiquer son relâchement à l'enfant.

## Autre facteur positif

Le chat, à la douce fourrure et plein de sérénité, est un apaisement pour l'enfant. Cela développe son sens du toucher, lui apprend à partager des moments de tendresse. Lorsqu'il éprouve un chagrin, c'est souvent à son nouveau compagnon qu'il ira se confier.

Astuce : si vous ne souhaitez pas que le chat dorme sur le lit de l'enfant, libérez une chaise et mettez un coussin ou un vieux pull où il pourra s'installer sans déranger votre cher ange.

Je t'aime,
tu es mon ami.

## Entre chat et bébé, conduite accompagnée

Il faut interdire au chat l'accès du berceau. Mais cela ne veut pas dire qu'il faut l'écarter du bébé. Au contraire, montrez-lui son futur compagnon, tout en étant présent constamment. La présentation du chat et du bébé est une excellente méthode pour éviter les troubles de comportement chez l'animal, fréquents à l'arrivée d'un petit d'homme.

La présence du chat stimule l'éveil du bébé. Lorsque vous le tenez dans les bras, présentez-le au chat, prenez la main du bébé et posez-la sur le dos du matou. Initiez ainsi le bébé au toucher de la fourrure, en longeant doucement les flancs de votre animal. Ce dernier mémorisera son odeur et s'habituera à sa présence.

**Astuce** : essayez d'équilibrer votre amour entre le bébé et le chat, en tout cas en apparence. Le chat est susceptible, possessif, voire jaloux. Or, le bébé fait l'objet de toutes les attentions. N'oubliez pas de caresser votre matou, de le dorloter et surtout de lui parler. Le bébé, réceptif à tous les sons et intonations, comprendra progressivement quelle est la place du chat à la maison.

## Avec les adolescents, s'adapter au changement

Musique à fond, visite des copains-copines, devoirs de nuit, le corps qui change... le chat a de quoi perdre la tête. C'est la révolution à la maison. Fini les mamours, on a d'autres chats à fouetter. Accaparé par son iPhone, Facebook, Twitter, Instagram, l'ado s'éloigne de son chat. Tout en étant là, il oublie de lui parler. Pendant les visites des copains, parfois bruyants et bavards, il est encore mis à l'écart. Il n'en est pas malheureux pour autant, et s'adapte, mais il faut toutefois continuer de lui exprimer un minimum d'attention. Pendant cette période délicate de l'adolescence, où le jeune a la tête ailleurs, préoccupé par le travail scolaire, ou les premiers émois amoureux, le chat est plus souvent amené à se débrouiller tout seul. C'est un peu différent chez les filles chez qui l'instinct maternel les pousse à le câliner.

**Astuce** : l'idéal, si le chat est un peu moins dorloté, est que les adultes prennent le relais. Ainsi, veillez à vous occuper davantage de votre animal en cette période transitoire. Il a tendance à rester seul dans son coin. Et cet isolement et le manque d'activités sont propices à l'embonpoint, voire à la dépression. Méfiance !

## Avec les personnes âgées, une paix assurée

Souvent seules, elles apprécient d'autant plus la chaleureuse présence du chat qui leur sert parfois aussi de confident. Il devient le principal sujet de conversation et renforce ainsi le lien social. De plus, il stimule la mobilité : en effet, il faut bouger, se lever pour aller le caresser. Et il exacerbe les sens comme le toucher, la mémoire – en parlant de son chat autour de soi on fixe des scènes de vie précises dans ses souvenirs.

Son ronronnement apaise, équilibre le rythme cardiaque – ce sont les vertus de la ronronthérapie. Sa compagnie devient indispensable. Les activités d'intérieur des personnes âgées étant souvent plus statiques et tranquilles, le chat apprécie également cette vie paisible, ce qui ne l'empêche pas de jouer par ailleurs, ayant à sa disposition tout ce qu'il faut.

Enfin, pour les personnes âgées, le chat est leur égal, leur ami, leur trésor. Il est l'image de la sérénité, de la sagesse.

**IDÉE REÇUE !**

**Le chat dans les maisons de retraite, cela ne doit pas être drôle pour lui !**

**Faux.** *Le chat est caressé par différentes personnes, bien heureuses d'avoir ce contact doux et rassurant, et il ronronne à chaque visite avec autant de plaisir. Voilà qui tord le cou une fois de plus à l'idée que ce petit félin est solitaire et exclusif. Il est plus juste de dire que le chat s'adapte. Il est un marchand de bonheur pour tout un chacun qui saura lui redonner à son tour.*

# Comment bien l'éduquer ?

Votre chat n'arrive pas à la maison sans bagage. Sa mère lui a transmis des rudiments de l'éducation. Elle lui a inculqué les notions de **propreté**. Il a appris à ne pas attaquer ses frères et sœurs toutes **griffes** dehors, à contrôler ses **morsures**. Et d'où qu'il vienne, ses « maîtres éducateurs humains » l'ont préparé à la vie civilisée. Néanmoins, il vous reste à poursuivre la leçon.

## Les règles du savoir-vivre

### La propreté

Votre chat doit systématiquement aller dans son bac pour uriner et déféquer. S'il commet le moindre écart de conduite, posez-le sur sa litière, et une fois qu'il a terminé, félicitez-le par des caresses. Lorsqu'il persiste à l'éviter, il faut s'interroger sur l'installation du bac. Son emplacement est très important (voir pages 42 à 44). L'état de la litière peut également avoir un effet répulsif. Elle doit toujours rester propre afin que le chat ne plonge pas les pattes dans un réservoir de bactéries. Astuce : veillez à ce qu'il fasse ses besoins régulièrement. Le soir, avant d'éteindre les lumières, incitez-le à aller dans son bac, et patientez non loin de lui en l'encourageant. Il va s'habituer à ce rituel et vous serez satisfait parce qu'il est propre. Vous pouvez aussi humectez un chiffon d'eau de Javel et le passer sur les parois du bac à litière. Voilà que le chat a une envie pressante !

### Les repas

Le chat est réceptif aux principes que vous lui inculquez et qui favorisent la cohabitation au sein de la famille ou les contacts avec les personnes extérieures. Non c'est non ! On ne permet pas au chat de monter sur la table à l'heure des repas, au risque de couper l'appétit des invités ou de distraire les enfants qui ne finiraient pas leur assiette. Pour éviter ces désagréments, ne le tentez pas, c'est-à-dire ne lui donnez pas de petites friandises lorsque vous êtes à table ou lorsque vous prenez l'apéritif avec des invités. Le chat, loin d'être bête, en profitera et il lui en faudra toujours plus ! Et puis dites-vous bien que pour sa ligne, ce n'est pas idéal. Astuce : donnez-lui à manger avant l'arrivée des convives. N'ayez aucun scrupule à le servir en premier. Comme pour le chien finalement (on pensait avant qu'il cherchait à dominer), il n'y a pas d'ordre établi pour les repas. Le chat sait rester à sa place. C'est pourquoi son éducation se limite à peu de chose.

### Ne pas mordre, ni griffer

Un autre point fort de l'éducation consiste à empêcher le chat de mordre la main ou la cheville, ou de griffer. Sa mère lui a déjà appris à contrôler ses morsures et griffures. Il doit comprendre qu'il est strictement interdit d'exercer ses crocs sur autrui. Sinon, il ne se privera pas pour importuner un bébé ou la main qui le caresse. Cette attitude agressive rendrait problématique la vie commune, surtout s'il y a de jeunes enfants dans la

famille. Encore une fois, le chat est fait pour vivre en harmonie avec nous.

**Astuce** : à la moindre tentative de morsure, levez l'index au niveau de la tête du chat, il sera impressionné, cela lui rappellera ce que faisait sa mère pour le disputer.

Pour les griffures, attention aux rideaux, aux fauteuils, canapés, dessus-de-lit, même s'il faut admettre que vous ne pouvez pas toujours éviter l'incident ! La maison ne doit pas être saccagée par cet intrépide qu'il faut éduquer en conséquence. En cas de tentative, dites « non » très fermement, le chat comprendra qu'il est en terrain interdit. Et s'il vous griffe, il suffit d'une légère correction, une pichenette ou une petite tape sur le bout du nez (comme le faisait sa mère), pour le remettre sur le droit chemin.

Astuce : lui proposer un griffoir (voir page 43). C'est un moyen simple, naturel et efficace. Et s'il cherche encore à faire ses griffes sur les tentures, faites du bruit ! Le bruit des pièces de monnaie que l'on agite dans une boîte de conserve aura pour effet de l'impressionner au plus haut point.

## Ne pas voler

Un chat bien éduqué doit savoir qu'il ne faut pas chiper les aliments. Il mange dans son assiette et uniquement ce qu'on lui donne. En principe, ce défaut est rare chez le chat qui est convenablement nourri. Rien qu'au son de la voix, il comprend qu'il a mal agi. Comme la récompense, la punition doit être administrée au bon moment. Quelques minutes après la réalisation du larcin, c'est déjà trop tard.
Astuce : vous pouvez toujours inventer des punitions légères, comme par exemple, lui lancer une boule de papier sur l'arrière-train.

## L'adaptation

S'habituer à la solitude est une épreuve difficile pour le chat. On le dit indépendant, certes il a tendance à s'isoler naturellement, mais il ressent vite le manque de votre présence. Il aime être en votre compagnie. Si vous devez vous absenter toute la journée pour répondre à vos obligations professionnelles ou autres, faites en sorte qu'il n'en souffre pas. Doté d'une grande faculté d'adaptation, il saura pallier sa solitude en s'activant selon son propre rythme. Vous serez alors tranquillisé.

Prévoyez ses repas, des croquettes qu'il ira déguster plusieurs fois par jour, et un bol d'eau à proximité. Ne partez pas sans avoir vérifié et changé sa litière, dans le cas contraire ne soyez pas étonné de trouver quelques salissures. Au moment du départ et de l'arrivée, câlinez-le mais sans insistance, afin que ces moments ne contrastent pas avec le restant de la journée. Dites-lui toujours au revoir et bonjour ; ces mots, il les connaît. Offrez-lui un choix de balles, de bouchons et autres joujoux (voir pages 106 à 113), afin qu'il se défoule lorsqu'il le souhaite. Laissez éventuellement un fond de musique, et de la lumière pour lui éviter l'obscurité des fins de journée – même si le chat y voit la nuit, il a besoin d'une douce clarté. Enfin, dégagez les accès aux fenêtres qui lui permettent de jouer « l'espion aux pattes de velours », en jetant un œil sur l'extérieur.
Astuce : et pourquoi pas avoir un autre chat ou un chien pour lui tenir compagnie ?

**IDÉE REÇUE !**

**Un chat, ça ne s'éduque pas !**

**Faux.** Il enregistre ce qu'on lui enseigne, mais la méthode doit être douce. Il ne faut pas se fâcher ou vouloir se montrer autoritaire. Si l'on n'obtient pas de résultat la première fois, ce n'est que partie remise. Il s'agit de patienter, et d'être plus malin que lui. Vous le verrez alors accomplir ce que vous espériez.

À l'extérieur, vous pouvez aussi initier votre chat à marcher en laisse, notamment s'il vit en ville, ou part en vacances avec vous. Cela lui donnera l'occasion de faire une petite promenade en votre compagnie sur des trottoirs peu encombrés, ou dans des jardins, des champs campagnards. S'il est amené à prendre les transports en commun, à voyager, habituez-le à cette vie de baroudeur le plus tôt possible.

# Comment lui parler et le comprendre ?

Votre chat vous parle, prêtez l'oreille à **ses miaulements**, répondez-lui. Même s'il est hermétique au langage des hommes, il finira par vous comprendre à force de vous entendre. Plus vous lui apprendrez de **mots**, plus il sera attentif et réceptif. La meilleure méthode est de les lui **répéter pendant qu'il est tout ouïe,** c'est-à-dire pendant la toilette et les câlins.

## Apprenez la partition de votre chat

« Ouvre-moi la porte », « j'ai des soucis », « ça ne va pas du tout »... Pour communiquer à la fois avec ses congénères et avec l'homme, le chat se limite à une kyrielle de vocalises. Elles ont fait l'objet d'études scientifiques, le pionnier étant l'éthologue Desmond Morris (voir son livre *Le Chat révélé*).

Le registre varie entre le *mao* et le *iou*, le *brr* et le *rrou*, le *mi* et le *mo. Maô, meou, miaou*... On ne compte pas moins de 63 sons dans le répertoire du chat adulte. Pour certains spécialistes, il y en aurait même 100. Il émet des miaulements chantés et roulés. Ces sons n'ont rien à voir avec les piaillements aigus du chaton. Votre chat pourra pousser des cris parfois incongrus, semblant inadaptés à la situation. Le cri hoqueté, face à l'oiseau aperçu derrière la vitre, est à peine audible.

Dans le répertoire de votre félin, vous discernez ainsi des sons de haute intensité, des voyelles, des murmures... Mais pour vous, c'est très doux. La bouche fermée, il s'exprime en voyelles : *mr-br,* je suis content*; e-mr,* je t'appelle*; me,* merci ; *mmr,* salut ! C'est sa manière de susciter l'attention, donner son approbation ou manifester sa reconnaissance.

Il fait *mew,* s'il a des soucis, *mraou* pour demander qu'on lui ouvre la porte, *marâou* pour exiger que celle-ci soit ouverte sur-le-champ. Et si on lui refuse quelque chose, le chat se trouble, s'insurge en faisant *maw* ; *meaou,* quand ça ne va pas.

Caresses, séances de toilettage ou la tétée sont accompagnées de ronronnements. Ces derniers s'effectuent par le passage de l'air lors des mouvements respiratoires, faisant vibrer les cordes vocales. La contraction des muscles du larynx, qui a lieu 30 fois par seconde, arrête l'air et produit ce vrombissement assourdi : le son *brn* pendant le mouvement inspiratoire, le son *rhn* pendant le mouvement expiratoire. Signe de parfait bonheur, le ronronnement accompagne aussi les situations de souffrance : les affres de l'accouchement, l'angoisse chez le vétérinaire...

## Changement de ton

Les vocalises qui caractérisent le répertoire de votre chat n'ont pas toutes les mêmes fonctions. Les sons de haute intensité sont réservés au langage intra-spécifique, qui permet la communication entre chats. Le chat dit sa colère, en employant le sifflement : *sss* ; le crachement : *fft ;* le grondement : *grr ;* le feulement : *éo*. On peut voir ainsi un molosse intimidé manifester du respect au chat !

## Vous avez reçu un nouveau message

Pour résumer, vous pouvez décoder sept messages principaux : la colère qui le fait gémir ; la peur qu'il révèle par ses bruits de gorge ; la souffrance par ses miaulements aigus, mais aussi parfois par le ronronnement ; l'invitation à le suivre lorsqu'il émet un trille montant ; la frustration qu'il extériorise par un cliquetis des dents ; l'amitié exprimée par le ronronnement et, lorsqu'il est bébé chat, la demande d'attention associée à ses piaillements.

## Langue de chat

Comme tout apprentissage, notre langue peut être enseignée au chat. En faisant preuve de patience, vous obtiendrez des résultats durables.

1. Commencer le programme le plus tôt possible.
2. Enseigner des mots courts, de deux syllabes : *manger, dodo, descends, attends, mignon, joli.*
3. Enseigner toujours les mêmes mots : ne pas remplacer « manger » par « à table ! ».
4. Utiliser un même langage pour des circonstances identiques.

5. Réviser les leçons en répétant les mots.
6. Joindre si besoin le geste à la parole.
7. Privilégier les aigus.
8. Préférer une voix chantante.
9. Engager la conversation s'il reste muet.
10. Prolonger le dialogue autant que possible.

## Savez-vous miauler ?

Pour bien vous faire comprendre et augmenter vos chances d'être entendu, vous pouvez essayer de miauler. Doucement, comme une chatte appelant ses petits, ou d'une façon plus aiguë comme un matou en quête d'aventures ! Succès assuré. Le chat s'étonne et vient aux nouvelles. D'ailleurs, de son côté, il attire aussi votre attention quand il miaule d'une certaine façon en faisant par exemple « mâan ! »... Toute femme est en alerte dès qu'elle croit entendre maman !

# Qu'est-ce qu'il raconte avec son corps ?

Votre chat s'exprime avec tout son corps. Chaque partie est en mouvement et, entre le dos rond ou le gros dos, c'est tout un monde, ne vous y méprenez pas ! Le chat a toujours son mot à dire, car s'il ne miaule pas ou ne ronronne pas, son silence le révèle par son corps. Il parle avec sa queue, ses moustaches, son dos.

## Le langage du dos

Le chat communique beaucoup avec son dos. S'il fait le dos rond, il est content et souhaite avoir des caresses. En arc de cercle, le dos dévoile une extrême irritation. Le gros dos, poil tout hérissé, est le signe d'une grosse colère et d'une menace terrible vis-à-vis de l'adversaire.

## Les postures

On devine son irritation à sa façon de marcher. Il manifeste un fort mécontentement lorsqu'il marche de côté, le corps courbé, la tête rentrée dans les épaules, le poil hérissé, les oreilles couchées sur le crâne, le faciès plissé, les babines relevées. Ses congénères ne mettent pas longtemps à le comprendre. Quand il se tient à l'affût, il montre sa force, son assurance, en adoptant une position bien précise : accroupi sur son postérieur, la tête rentrée dans les épaules, le corps en boule ramassé sur lui-même. Sa queue est agitée de légers mouvements latéraux. En cas de danger, il change d'attitude.

## Le langage de la queue

Rien qu'avec cet appendice, il peut exprimer une douzaine de signes. Tout se lit dans sa position. Le chat hérisse sa queue pour signaler l'agressivité. Arquée, elle montre qu'il est sur la défensive. Lorsqu'elle est droite, elle indique qu'il vous aime bien. Bien qu'indépendant, le chat aime vous rappeler qu'il vous appartient, avec sa queue dressée et l'extrémité inclinée. Légèrement recourbée, elle indique un grand intérêt : seriez-vous en train de préparer son repas ? Soudain, si quelque chose l'énerve fortement, sa queue cingle l'air. En revanche, si votre chat dans le jardin croise une chatte à son goût, il la tient sagement sur le côté. De cette manière, il déclare sa flamme. Sa queue balance à nouveau lorsqu'il aperçoit un oiseau derrière la vitre ou s'amuse avec un compagnon. Ce mouvement oscillatoire trahit le conflit intérieur du chat, son hésitation et son inaptitude à choisir, parce qu'il veut faire deux choses à la fois. Doit-il sauter sur l'oiseau ou attendre pour mieux l'attaquer ensuite ?

## Le langage des oreilles

Cinq signaux de base ont été dénombrés dans le mouvement des oreilles. Si elles changent de direction en fonction de l'origine des sons, elles bougent aussi selon l'humeur du chat. Elles ne vont pas dans le même sens selon qu'il est détendu, en alerte, ou en proie à l'inquiétude, selon qu'il obéit à son instinct de défense ou qu'il exprime son agressivité. Pointées vers l'avant, tournées vers l'extérieur, les oreilles montrent que votre chat est bien détendu. Mais s'il sursaute au moindre signal d'alarme, voilà qu'elles se redressent, pivotent en s'ouvrant droit vers l'avant. Inquiet, il a les oreilles agitées de crispations nerveuses. Lorsqu'elles s'aplatissent, c'est qu'il est sur la défensive. Repliées, elles manifestent tout le côté futé et astucieux de votre animal. S'il agit ainsi, c'est qu'il veut les rendre invisibles lorsqu'on les regarde en face. Elles sont donc parfaitement protégées en cas d'attaque. Lorsqu'il est dans une attitude agressive, ses oreilles pivotent, c'est l'arrière qui est invisible. Comme un tigre, qui possède une grosse tache blanche cerclée de noir au dos de chaque oreille, le chat adopte une position de baroudeur. Quand la tache se voit, c'est que l'oreille tournoie. La signification coule de source pour un adversaire : le fauve se fâche.

| Signification des principales attitudes envers vous | |
|---|---|
| **Action** | **Signification** |
| Faire la patte, c'est-à-dire l'allonger et la laisser dans votre main, comme le fait la chatte avec ses petits. | Amitié, désir de protection. |
| Se mettre sur le dos, les pattes en l'air, la queue qui bouge. | Amitié, confiance absolue. |
| Entourer votre jambe avec sa queue. | Il transmet une odeur mêlée à la vôtre, créant une odeur commune sécurisante. |
| Sautiller. | Salutation. |
| Pétrir vos genoux. | Chercher à téter. |

## IDÉE REÇUE !

**On a parfois l'impression que le chat ricane.**

**Faux.** Ne vous imaginez pas que votre chat est en train de ricaner lorsqu'il étire la lèvre supérieure vers l'arrière et ouvre un peu la bouche. C'est tout simplement qu'il est en pleine extase devant une plante ou un congénère en chaleur (c'est le fameux flehmen, voir page 20) !

# Percez son mystère

Le chat est mystérieux, voire paradoxal comme lorsqu'il ronronne, mais grâce au travail des éthologues, on peut le deviner par ses expressions.

## Dans ses yeux

L'expression du regard n'est pas facile à interpréter. Il ne faut pas confondre les effets de la lumière et ceux de l'humeur. Les « changeantes prunelles » du chat, selon l'expression de Baudelaire, contiennent quatre signaux de base. Sur la défensive, ses pupilles rétrécissent. Dans la clarté, elles ne deviennent qu'une simple fente. Au contraire, elles se dilatent dans l'obscurité. Les pupilles ressemblent à des flaques rondes et noires qui augmentent lorsque le félin regarde un objet éloigné. Si la cible se rapproche, elles se contractent. La pupille dilatée trahit une émotion grandissante. Elle indique aussi qu'il a faim. Dans ce cas, en une seconde, la taille des pupilles peut quadrupler ou quintupler.

Les paupières ont un degré d'ouverture régi par l'état d'âme du chat. La présence d'un étranger, qui nécessite une grande vigilance, amène le félin à ouvrir grand les yeux. Auprès de vous, détendu, il garde les yeux mi-clos. Mais son attitude est parfois déconcertante. Il ferme les yeux, paupières bien closes, lorsqu'il s'abandonne à l'extase mais aussi lorsqu'il perd la guerre avec son adversaire.

## À travers ses moustaches

Toutes aplaties, de la même manière que les oreilles, elles traduisent la peur. Dirigées vers l'avant, elles reflètent la colère. En revanche, le chat baigne dans la béatitude si ses moustaches sont détendues.

# Comment le nourrir ?

*Que vous lui mitonniez de bons petits plats ou que vous vous laissiez séduire par l'industrie alimentaire, veillez surtout à lui procurer* ***une nourriture adaptée et équilibrée.*** *Le chat, agile, musclé, dynamique, est avant tout un carnivore strict, mais il a besoin d'autres multiples* ***vitamines,*** *fibres, légumes, féculents,* ***huiles essentielles,*** *oligoéléments pour garder une bonne santé.*

## Un menu de carnivore

Il faut toujours avoir à l'esprit que le chat est un grand consommateur de protéines : 19 % contre 4 % pour le chien ! Elles sont indispensables au développement des tissus, os et muscles, et se trouvent dans l'aliment carné. Comptez 50 g de viande chaque jour pour un chat adulte de 2,5 kg. Mais la viande ne suffit pas. Elle représente 50 % de la ration journalière. En quoi consiste l'autre moitié ? Flocons de céréales, riz, légumes complètent le menu. Les hydrates de carbone ou glucides (amidon, cellulose) procurent l'énergie. C'est ce qui permet à cet acrobate invétéré de sauter, grimper, attraper. Pour parvenir à une ration bien équilibrée, le calcul est simple : donnez la même quantité de féculents (20 g) que de légumes verts : épinards, haricots, poireaux, courgettes...

**LES IMPÉRATIFS !**

**La vitamine A**

*Le chat est incapable de convertir en vitamine A les carotènes contenus dans les légumes verts et les carottes. C'est précisément pour cette raison qu'il faut lui donner des produits animaux, car ils fournissent directement cette vitamine qui, en période de croissance notamment, est fondamentale. En revanche, elle présente des effets néfastes lorsqu'elle est absorbée avec excès.*

## Huiles de beauté

Mais le menu du chat serait incomplet sans les matières grasses ou lipides que l'on trouve dans les huiles végétales. Elles contiennent des acides gras essentiels (AGE), nécessaires à la peau et à l'entretien de la fourrure. C'est en partie dans l'alimentation que se trouvent les secrets de beauté du pelage, lequel, c'est indéniable, fait votre fierté. La couleur, appelée la « robe du chat », est valorisée quant à elle par les oligoéléments.

Ce sont les acides aminés, apportés par les protéines, qui constituent le poil et les griffes. Ils sont essentiels à la croissance et au renouvellement des tissus. Parmi les 11 acides aminés, il en est un, dont le chat ne saurait manquer au risque de devenir aveugle et de souffrir d'insuffisance cardiaque, c'est la taurine.

## Les vitamines

Impossible de parler de l'alimentation du chat sans évoquer les indispensables vitamines, qui le protègent des maladies. Celles qui favorisent la beauté du poil sont les vitamines A, B (B6) et la biotine. La vitamine E empêche les troubles musculaires et la maladie de la « graisse jaune », sorte de myopathie plus ou moins grave. Dans l'alimentation encore, le chat trouve la vitamine B1 (détruite à 40 % par la cuisson) ; la vitamine B2, largement fournie dans les aliments

## IDÉE REÇUE !

**Le chat se lèche au soleil, est-ce un tic ou un toc ?**

**Faux.** *Le chat répond à un besoin vital. C'est le seul moyen dont il dispose pour se procurer la vitamine D. Il la récupère sous l'action des rayons ultraviolets.*

d'origine animale, la vitamine B6, ainsi que la vitamine B12, essentielle pendant la croissance. Quant à la vitamine C, elle est produite en quantité suffisante par son organisme. Ajoutons les vitamines hydrosolubles, parmi lesquelles la niacine (vitamine PP), l'acide pantothénique, l'acide folique et la choline.

## Les oligoéléments et les minéraux

Le calcium (présent dans le lait et le fromage), le phosphore (dans les laitages et la viande), le potassium (dans la viande, le lait, les fruits), le sodium (dans le sel de cuisine – attention, le chat ne doit pas le lécher au risque de nuire au bon fonctionnement rénal !), le magnésium (dans les grains de blé, les légumes verts) sont des minéraux nécessaires au développement des os, des dents, des poils et à l'équilibre de l'organisme. Le chat a également besoin d'oligoéléments : du fer, présent dans les œufs, la viande, les légumes verts ; du cuivre, contenu dans le foie, les viandes ; de l'iode que l'on trouve dans le poisson ; du zinc, du sélénium répandus dans le foie et le poisson.

## La cuisine "maison"

Elle nécessite davantage de temps et de sérieux. Le choix des aliments et les quantités doivent être respectés pour une alimentation saine et sans risque. Préférez la viande maigre, telle la volaille (poulet et dinde) aux viandes grasses tels le bœuf et le mouton (un excès de lipides est déconseillé dans l'alimentation du chat de maison qui n'a pas l'occasion de brûler ses graisses comme un chat « des champs »). En général, les viandes « pour animaux », que l'on trouve au rayon boucherie, sont de bonne qualité.

Le foie peut être inscrit au menu du chat mais pas plus d'une fois par semaine, pour éviter de provoquer une hypervitaminose A. Cette maladie se traduit par des lésions du squelette, un blocage des vertèbres cervicales.

Le poisson, excellente source de protéines, doit être cuit et pas trop gras. Préférez le lieu, la morue, la raie au maquereau, hareng, sardine.

Les légumes verts jouent un rôle important dans le transit intestinal. Quant aux féculents et aux céréales, riches en amidon, ils sont indispensables. Mais le riz doit être bien cuit, voire collant, pour être parfaitement assimilable.

Certains produits alimentaires sont très toxiques pour le chat. Les oignons, même cuits, représentent un danger important. Certains composants détruisent les globules rouges, ce qui arrête le transport de l'oxygène dans le sang. La dose toxique équivaut à un demi-oignon ingéré de façon répétitive (quatre à cinq jours). En cas d'intoxication, il faut appeler le 02 40 68 77 40 (centre antipoison). À proscrire : les pommes de terre dont la solanine a une action irritante sur l'appareil digestif et le système nerveux ; le sel de cuisine, qui peut aggraver les problèmes cardiaques, une maladie rénale, le risque de calculs urinaires, provoquer une augmentation de la tension artérielle ; le chocolat contenant de la théobromine, difficilement assimilable par le chat, et provoque des vomissements, des ulcères ; enfin, le jambon qui contient des nitrites.

## La ration du jour

Vous pouvez préparer la ration journalière de votre animal en une seule fois puis la diviser en 3 repas. Voici un exemple de ration pour un chat adulte de 2,5 kg : 50 g de viande maigre ; 20 g de poireaux mixés ; 20 g de riz cuit collant ; et 10 g de compléments (levure de bière, huile végétale, complément minéral vitaminé). Cet ajout évite les carences en acides aminés, minéraux, vitamines et oligoéléments.

## Les plats tout prêts

L'alimentation industrielle est une bonne solution pour éliminer les tracas liés à la cuisine maison. Facile d'emploi et simple à conserver, un prix de revient moins élevé (notamment s'il s'agit de croquettes)… les avantages pèsent lourd dans la balance. De plus, elle garantit une salubrité bactériologique et une homogénéité de la composition. Elle a été élaborée selon les normes fixées par le National Research Council (NRC). Elle est préparée à partir de produits finis provenant de viandes animales, céréales, etc. Outre les aliments semi-humides (friandises solides ajoutées à un aliment liquide), il existe les aliments humides, qui contiennent 70 à 80 % d'eau. Les aliments secs (moins de 14 % d'eau) ont la forme de croquettes, de granulés ou de biscuits.

Appétissante, digeste, l'alimentation industrielle convient au chat, dont le métabolisme a été étudié par les experts en nutrition animale. Hyperprotéique, à base de viandes de volailles déshydratées, elle assure une silhouette musclée sans dépôt graisseux et contient un apport renforcé en fibres.

### IDÉE REÇUE !

**Le chat n'aime que la viande crue qui lui rappelle ses proies.**

**Faux.** Le chat à la maison est habitué à manger de la viande cuite et l'apprécie. C'est en plus un atout considérable pour sa santé : il ne risque pas d'attraper des vers et la toxoplasmose (pour les femmes enceintes, le risque de transmission par le chat est très faible).

## La ration en clair

Chaque produit porte une étiquette sur laquelle figurent les mentions obligatoires, tous les renseignements concernant la ration quotidienne du chat : 200 g d'aliment humide pour un chat adulte de 2,5 kg ou bien 50 g d'aliment sec. Comme pour la cuisine maison, la ration est fractionnée en 2 ou 3 repas. En revanche, l'aliment sec (les croquettes), distribué en libre-service, est consommé à petites doses et très fréquemment. Le chat revient à sa gamelle une quinzaine de fois dans la journée, reproduisant le schéma du croqueur de souris et mulots en pleine nature. Il doit par ailleurs impérativement s'abreuver. Comptez un bol d'eau pour un bol de croquettes.

## LES IMPÉRATIFS !

### Les boules de poils.

Un chat à poil court perd environ 80 g de poils par kg de poids et par an. Il en ingère les deux tiers, notamment quand il se lèche. Un argument de poids pour lui offrir une alimentation suffisamment riche en protéines et fibres, favorisant le transit intestinal et permettant plus facilement l'évacuation des boules de poils qui restent stockées dans l'estomac et l'intestin.

## Une alimentation adaptée

Une alimentation équilibrée est la règle d'or pour avoir un chat en pleine forme. Sa corpulence, son âge, son activité comptent dans la balance. Finie la vie de voleur de grand chemin ! Souris, mulots et morceaux de viande saisis au petit bonheur la chance ne sont plus d'actualité pour le chat d'intérieur. Il a sa nourriture à lui ! Même s'il grimpe, saute et poursuit des rongeurs imaginaires en courant après la balle, ses besoins caloriques sont moins élevés que pour le chat d'extérieur. Gare alors aux « petits plats » qui le transforment en gros patapouf ! La vie à la maison favorise, en effet, une tendance à l'embonpoint qui touche 28 % des chats de nos foyers. Le rythme métabolique du chat d'intérieur est bouleversé. Il ne connaît plus de saison, ignore les morsures du froid, réduit son activité. Cette vie de pacha entraîne alors une paresse digestive et souvent un appétit capricieux. Son poids, qui varie en principe de 3 à 9 kg chez les chats de race, doit être pris en compte quant à la ration à distribuer. Enfin, l'âge est également un facteur important dans le dosage des repas.

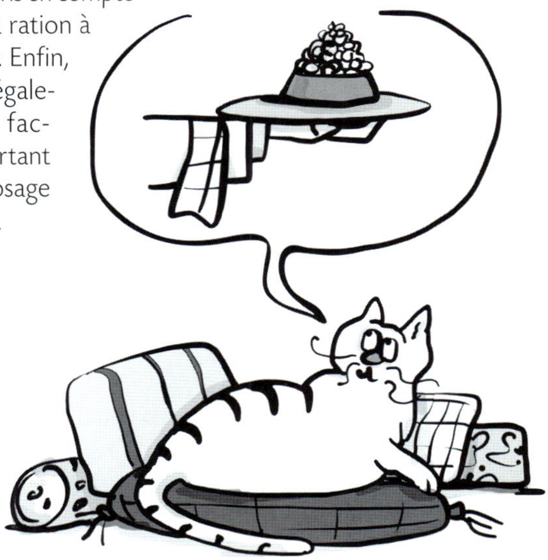

### À chacun son repas !

| Alimentation | Chaton (35 semaines) | Chat adulte (4 à 5 kg) | Chat âgé (+ 10 ans) |
|---|---|---|---|
| Repas | 3 (ou self-service) | 2 ou 3 (ou self-service) | 3 (ou self-service) |
| Ration ménagère | 190 g | 175 g | 180 g |
| Ration industrielle humide | 200 g | 230 g | 220 g |
| Ration industrielle semi-humide | 105 g | 130 g | 130 g |
| Ration industrielle, aliments secs | 75 g | 100 g | 75 g |

# Sa toilette

À maintes reprises, il fait sa « toilette de chat », se lèche, mouille son poil avec application, mais vous devrez néanmoins lui donner un coup de main. Après la **fourrure**, il reste encore à inspecter les **yeux**, les **oreilles**, les **dents**, les **griffes**, les **coussinets**. N'oubliez pas de bien entretenir le lieu où il vit, pour le bien-être de tous.

## La fourrure au poil près

La fourrure du chat est composée de trois types de poils : les poils de couverture, le sous-poil et les poils tactiles (sur les joues, le front), qui servent le sens du toucher. Les poils de couverture sont droits, longs et rigides. Ils couvrent le dos. Sur les flancs, ces poils de jarre et poils de garde sont un peu plus fins. Le sous-poil est constitué de poils ondulés qui composent le duvet ou bourre. La fourrure du chat qui vit dans nos maisons ou appartements, sous une lumière artificielle et une température quasi constantes, n'est pas soumise aux variations qui engendrent la mue. Il ne connaît pas de saison. Et le chat perd son poil été comme hiver. Il est primordial de bien l'entretenir.

### IDÉE REÇUE !

**Le chat n'aime pas l'eau, on ne peut pas lui donner de bain.**

**Faux.** S'il est habitué aux shampooings dès son plus jeune âge, il en ressentira ses bienfaits : élimination de la saleté et des parasites, oxygénation de la peau et du poil. Le bain diminue aussi la tendance à l'emmêlement, réduit les démangeaisons. Pour cela, il faut impérativement un shampooing spécifique pour chat qui respecte son pH (5 à 6).

## L'importance de la peau

La peau du chat, constituée de l'épiderme, du derme et de l'hypoderme, est un organe de première importance. Elle supporte les poils et les pigments qui colorent le pelage. Elle protège l'organisme contre les agressions physico-chimiques, fait barrage contre les microbes et participe à la régulation de la température du corps. Elle nécessite autant de soin que la fourrure.

## Le brossage, un coup de main à prendre

Pour avoir un pelage beau, brillant et sain à la fois, votre félin compte sur vous. Grâce au brossage, vous repérez la moindre anomalie : toute trace de griffures ou morsures vous alerte. Le chat se gratte-t-il ? A-t-il des puces ? De plus, il favorise la circulation du sang dans les tissus cutanés, et élimine les poils morts, lesquels, une fois absorbés par le chat, gênent le fonctionnement de l'intestin. Que l'on ne s'étonne pas s'il est parfois constipé, souffrant même d'une occlusion intestinale. Les boules de poils en sont la cause. Ces dernières résultent de la mue permanente. D'où la nécessité de le brosser deux fois par mois pour un chat à poil court, une fois par semaine pour un chat à poil mi-long, chaque jour pour un poil long comme celui du Persan. Le brossage s'avère indispensable également pour la suppression des nœuds qui empêchent la repousse de nouveaux poils.

Comment procédez : recouvrez la table de la cuisine d'un linge propre et installez le chat. Utilisez une brosse de préférence en soie, et passez-la d'abord dans le sens du poil, pour habituer le chat progressivement au brossage, puis à rebrousse-poil et à nouveau dans le sens du poil. Brossez le dos, sous le ventre, autour du cou, sous les aisselles, à l'arrière des cuisses. Cette séance de toilette s'achève par un coup de peigne. Lissez le pelage et, s'il reste encore des nœuds, démêlez-les. Attention ! Le brossage ne doit pas être trop vigoureux ni trop brutal, entraînant alors une forte élimination du sous-poil – ce qui est inesthétique et inconfortable –, notamment pour un chat à poil court, parfois frileux. Sans compter que ce rituel doit rester agréable.

## Le bain

Pour donner un shampooing au chat, plongez-le délicatement dans l'eau du lavabo ou de la baignoire, à une température de 39 °C, et choisissez un shampooing ultradoux spécifique pour chat, favorisant le brossage, réhydratant le pelage, et conférant une plus belle couleur. Comptez deux applications. La première élimine les saletés. Prenez si possible un second shampooing qui nourrit le poil, puis rincez. Sachez que certains shampooings ne nécessitent aucun rinçage : une aubaine pour le chat ! Les spécialistes utilisent un après-shampooing qui reconstitue le film lipoprotecteur du pelage, gaine la fourrure, adoucit la peau, évite les démangeaisons. Il reste à bien le sécher, délicatement, à l'aide d'une serviette de bain. Mettez-le à l'abri des courants d'air.

### LES IMPÉRATIFS !

**La « queue d'étalon ».**

Si le sébum, sécrétion produite par les glandes sébacées des follicules pileux (groupes de poils), est produit en trop grande quantité – notamment sur la zone dorsale de la queue –, cela indique que le chat est victime d'une hypersensibilité. Les glandes s'infectent. On parle alors de « queue d'étalon ». D'où la nécessité d'un shampooing bien adapté à la peau de votre animal.

## La toilette de la tête aux pieds

Impuretés, parasites... Le conduit auditif du chat abrite bon nombre d'intrus, sans compter les corps étrangers qui « se tapent l'incruste ». Comment peut-il les évacuer ? L'ébrouement, le grattage ne sont pas suffisamment efficaces. Un nettoyage des oreilles effectué régulièrement est le seul moyen. Et les dents ? Une mauvaise hygiène affecte ses dents, guettées par le tartre et la gingivite. Et les yeux ? Malgré les paupières protectrices, ils nécessitent également des soins réguliers. Et les griffes ? Elles doivent être raccourcies à l'aide d'une pince à guillotine. À l'évidence, votre chat a besoin de vous pour toutes ces tâches précieuses.

**IDÉE REÇUE !**

**Le chat a mauvaise haleine s'il mange des souris.**

**Faux.** La mauvaise haleine est un des désagréments causés par la plaque dentaire. Que faire lorsqu'elle ne peut plus être éliminée ? Il reste le recours au détartrage effectué par le vétérinaire. Cette opération pratiquée sous anesthésie se déroule à l'aide d'un appareil à ultrasons. Le praticien déloge la plaque jusque dans le sillon sous-gingival. Grande ennemie du petit félin, elle favorise l'infection des gencives. Celles-ci deviennent rouges et sensibles, saignent parfois. La gingivite est souvent suivie d'un déchaussement des dents et de complications locales tels les abcès. À noter qu'une gingivite chronique peut cacher une affection comme l'insuffisance rénale, le diabète ou d'autres maladies infectieuses comme le Felv ou le Fiv, voir page 100.

## Le nettoyage des oreilles

Les impuretés, accumulées dans l'oreille, forment un tapis idéal pour les bactéries et les parasites. Les infections sont inévitables, provoquant des otites externes. Un mal regrettable pouvant entraîner la destruction du tympan si ce n'est la surdité. Il est donc indispensable de protéger votre animal de tous ces risques.

Choisissez un produit suffisamment doux qui donne une sensation de confort à votre cher félin. L'idéal est le nettoyant pour oreilles, doté d'un embout spécifique, plus pratique pour instiller le produit ; on masse le long du conduit auditif et on essuie le surplus à l'aide d'un coton. Proscrivez le coton-tige qui donne un résultat contraire à l'effet escompté : au lieu d'évacuer les saletés, il les repousse dans le fond du conduit auditif, et cela peut blesser le tympan du chat. Enfin, bannissez l'éther, l'alcool à 70° ou 90°, ou encore l'eau savonneuse.

## Attention aux yeux !

Traces de larmoiement, croûtes séchées au coin des yeux... La présence d'éléments polluants à l'entrée du canal lacrymal entraîne une inflammation soit de la conjonctive – ce qui provoque une conjonctivite –, soit de la paupière – ce qui engendre une blépharite. Il est donc fortement recommandé d'utiliser un nettoyant pour les yeux et ce, à raison d'une fois par semaine, mais pas n'importe quel produit ! Il doit être bien adapté et doit respecter le pH des larmes. Demandez conseil auprès de votre vétérinaire. On instille le produit antiseptique dans l'angle externe de l'œil pour ne pas contrarier le sens de la circulation des larmes, puis on ôte le surplus avec de la gaze et un mouchoir propre.

## Rien aux dents !

Une hygiène bucco-dentaire très stricte est indispensable pour votre chat. Le brossage régulier des dents demeure la solution la plus simple pour prévenir les affections et éviter le tartre. Cette plaque dentaire apparaît vers l'âge de 2-3 ans si une bonne hygiène n'est pas respectée. On distingue alors une pellicule jaunâtre à la jonction de la gencive et de la dent. Débris alimentaires et bactéries se concentrent sur la mâchoire du chat. En l'absence de brossage, cette plaque résiste. Vous avez le choix entre diverses brosses à dents ergonomiques, en parfaite adéquation avec la bouche du chat. Le dentifrice, souvent aromatisé, a des propriétés antibactériennes. La présence de fluor renforce l'émail dentaire, élimine les dépôts, préserve la gencive. C'est le secret pour que le chat n'ait rien aux dents !

## Griffes et coussinets

Pour votre chat qui vit à l'intérieur et ne peut ni user ses griffes ni éliminer les écailles mortes – d'où la nécessité du griffoir ou de l'arbre à chat –, il est impératif de les raccourcir à l'aide d'une pince à guillotine. Cet acte s'effectue avec délicatesse et précision. Mieux vaut faire appel au vétérinaire.

Enfin, examinez régulièrement les coussinets. Il se peut que la corne soit fragilisée ou écorchée. Il faut donc les raffermir ou favoriser la cicatrisation des zones lésées en tamponnant la partie charnue à l'aide d'une préparation d'acide tartrique.

## L'hygiène autour du chat

Le chat doit être parfaitement sain : aucun risque de contamination ne doit affecter les enfants et les autres membres de la famille. Pour cela, il ne doit pas seulement être « propre sur lui », mais vivre dans un milieu hygiénique. Comment assainir l'habitat ? L'utilisation d'un diffuseur antiparasitaire résout bon nombre de problèmes. Il suffit de le placer au milieu de la pièce à traiter. Une fois le diffuseur enclenché, on quitte l'endroit pendant une demi-journée et on l'aère ! C'est ultrasimple et rassurant, car on ne peut oublier que parmi les parasites, les puces ne sont pas les dernières à transmettre des maladies. Outre les démangeaisons qu'elles provoquent, elles peuvent également ingérer les œufs d'un ver nommé ténia.

## Laver le bac à litière de votre chat

Le bac doit également faire l'objet de votre vigilance. En le nettoyant avec un produit désinfectant, on élimine notamment les risques (même si faibles) de toxoplasmose que peut contracter la femme enceinte. Cette dernière doit enfiler des gants de latex pour le faire ou, mieux encore, déléguer la tâche à une autre personne. Rien ne vaut la « maison de toilette » (voir pages 8, 42, 44), non seulement parce qu'elle préserve l'intimité du chat mais aussi elle demeure le meilleur exemple de l'hygiène.

La litière doit faire l'objet d'une sélection rigoureuse. Pas question de remplir le bac avec un mélange de sable, de gravillons, de cailloux ! Le greffier est aussi difficile pour sa litière que pour sa nourriture. Il a besoin d'une matière qui ne colle pas aux pattes et ne dégage pas un nuage de poussière dès qu'il gratte pour enterrer ses déjections.

De même, les couverts utilisés du chat seront soigneusement lavés à l'aide d'un produit antibactérien spécifique, puis rincés. Une mesure saine pour le petit félin et aussi pour les tout-petits qui ont tendance à toucher à tout !

## Autres précautions

Au cours de ses allées et venues, le chat peut transmettre une maladie à un autre chat, comme la gale des oreilles ou la gale du corps. D'où la nécessité des traitements préventifs. À noter qu'un chat qui ne vit pas dans un environnement sain risque également d'être affecté par la teigne, maladie transmissible à l'homme. Même bénigne, cette maladie est pénible, car longue à traiter.

Opération toilette,
ne rien oublier !

# Sa santé

Certaines petites bêtes sont un enfer pour le chat : ça pique, ça gratte et en plus cela peut entraîner des **maladies mortelles**. Elles se divisent en deux catégories. Les **parasites externes** : les puces et les poux, les acariens, les tiques, et aussi les champignons. Les **parasites internes**, microscopiques, évoluent dans le tube digestif. Comment l'en préserver ?

## Tiques, puces et poux font les 400 coups !

**La puce :** elle se gave de sang et pond des œufs en quantité industrielle : 2 000 au total durant sa brève existence. Le chat est transformé en sac à puces, et, dans son panier, les œufs vont se transformer en puces, il y en a partout sur la moquette, le plancher. Le chat risque d'avoir des vers et d'attraper la DAPP (Dermatose allergique due aux piqûres de puces, mais plus rare chez le chat que chez le chien). Eczéma, lésions et infections microbiennes, sans compter l'anémie, voici ce qui attend votre chat non traité.

**Le pou :** c'est un insecte plat et sans aile, de 2 mm de long. Il se transmet par contact direct entre animaux ou bien par les objets souillés (brosses et peignes mal entretenus). Il pond des œufs, appelés lentes, qui ressemblent à de petits grains blancs. Le chat infesté se gratte. Sa peau devient rouge.

**La tique :** parasite marron qui s'abreuve de sang et qui, une fois repu, quintuple sa taille, passant de 3 à 16 mm de long. La tique femelle hématophage se fixe sur son hôte avant de se laisser tomber sur le sol. Elle enfonce son rostre (pièce buccale) dans la peau du chat et durant une dizaine de jours demeure à la base des oreilles, entre les doigts, sous le ventre. En absorbant le sang, elle risque de transmettre la maladie de Lyme, due à la bactérie *Borrelia burgdorferi*.

**La gale des oreilles :** lorsque le chat se gratte l'oreille, c'est le cycle infernal des rougeurs, plaies, croûtes et dépilation. Le diagnostic de la gale est sûr. Elle est causée par un acarien, qui creuse des galeries dans les conduits auditifs.

**La teigne :** mycose entraînant une dépilation croûteuse ou suintante sur des zones circulaires situées sur le crâne, les oreilles et les pattes.

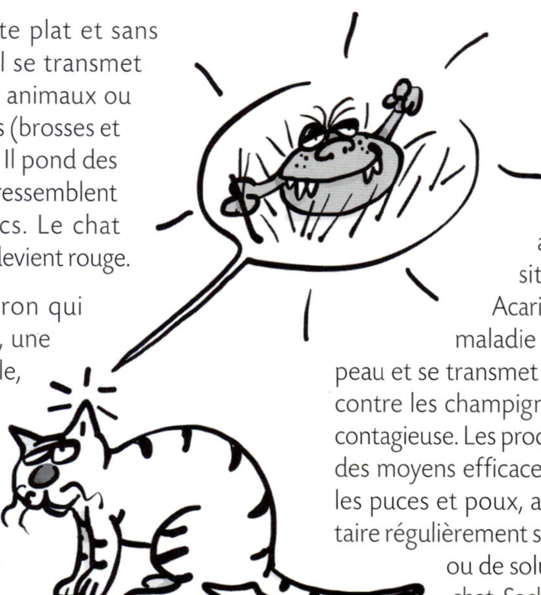

## Ce qu'il faut faire

Prenez toutes les précautions nécessaires avant que le chat soit importuné et infecté. Les armes pour combattre ces parasites minuscules ne manquent pas. Acaricide contre la gale – attention, cette maladie peut provoquer des lésions de la peau et se transmet d'un chat à l'autre –, antifongique contre les champignons – prenez garde, la teigne est contagieuse. Les produits anti-tiques (spray, colliers) sont des moyens efficaces pour éviter les maladies. Contre les puces et poux, administrez un produit antiparasitaire régulièrement sous forme de comprimés, pipettes ou de solution orale mélangée à la pâtée du chat. Sachez que le traitement antiparasitaire

## LES IMPÉRATIFS !

### Tique, et la tête !

Pour extraire une tique sur votre chat, veillez à ne pas tirer brusquement. Vous pourriez y laisser sa tête, ce qui ne saurait mettre fin aux dégâts : s'ensuivent abcès ou kyste. La méthode consiste à endormir l'acarien. Appliquez un coton imbibé d'éther pendant 2 à 3 minutes. Ôtez la tique anesthésiée à l'aide d'une pince à épiler, vous l'aurez en entier !

doit se faire non seulement sur l'animal mais aussi dans l'environnement (corbeille, tapis, couvertures et jouets).

## Les maladies parasitaires

Pour lutter contre les vers, il faut ver-mi-fu-ger ! Le vétérinaire prescrit des anthelminthiques en comprimé, en sirop, en pâte que l'on mélange à la nourriture, ni vu ni connu !

**Les vers sont envahissants :** on compte 5 000 à 15 000 œufs par gramme d'excréments chez le chaton nouveau-né. L'ennui est que les larves migrent vers le foie et les poumons. À l'état adulte, elles envahissent l'intestin. Ces vers portent le nom de nématodes. Ils sont faciles à reconnaître, car ils sont tout ronds et s'enroulent en spirales. Ces parasites internes provoquent des vomissements, la toux, la diarrhée, et même des occlusions intestinales.

Hormis la toxoplasmose, que sait-on des zoonoses ? Il s'agit de maladies transmissibles de l'animal vertébré à l'homme de façon directe, c'est-à-dire par simple contact, ingestion, respiration ou bien indirecte, via des intermédiaires comme les tiques ou les moustiques, mais aussi par les parasites internes. On relève cinq zoonoses graves : l'échinococcose, la toxocarose, l'ankylostomose, la dipylidiose, la dirofilariose.

**L'échinococcose :** maladie rare mais pouvant être grave, elle est transmise par un parasite digestif de la famille des vers plats mesurant quelques millimètres de long. Le chat peut être contaminé en consommant de petites proies – mulots, souris – hébergeant la larve du parasite dans le foie. Les œufs libérés dans la matière fécale peuvent affecter l'homme, les enfants (via les bacs à sable, par exemple). Ils sont responsables de kystes à évolution lente.

**La toxocarose :** elle est due à un parasite digestif, ver rond qui mesure 20 cm de long, observé chez les chatons contaminés par leur mère et libéré dans les excréments. L'homme est affecté lorsqu'il ingère des larves sur les fruits et les légumes souillés. Il souffre alors de douleurs abdominales, oculaires ou allergiques.

**IDÉE REÇUE !**

**L'enfant qui câline son chat risque d'attraper des maladies.**

**Faux.** Si le chat est vacciné et vermifugé, l'enfant n'a rien à craindre. Il peut profiter pleinement de cette amitié complice qui lui apporte chaleur et réconfort. Les mesures d'hygiène et les visites chez le vétérinaire ne sont que des petites contraintes au regard du bonheur de la vie partagée !

**L'ankylostomose :** elle est due aussi à un parasite digestif, de la famille des vers ronds, qui se trouve chez les chats consommateurs de viande crue, tels les mulots, souris, etc. Ce parasite prolifère au sein des chenils, animaleries, élevages. Ce ver se transmet par le biais des matières fécales et aussi par voie transcutanée – les larves entrent dans la peau. Cela entraîne des lésions cutanées, une gêne respiratoire, des troubles digestifs et/ou de l'anémie.

**La dipylidiose :** elle est transmise par un ver rond à partir des puces. Les œufs sont éliminés par voie anale, ingérés par les puces, qui se retrouvent porteuses de larves. Les symptômes sont peu nombreux : douleurs abdominales, appétit variable, gastro-entérite.

C'est en été que les risques de contamination sont les plus fréquents. C'est pourquoi, les règles d'hygiène souvent élémentaires – se laver les mains – doivent être rigoureusement respectées (attention aux enfants qui embrassent leur compagnon quand celui-ci est infesté !). Seule une vermifugation régulière (entre 2 et 4 fois par an, notamment au printemps et en été) permet de garantir la non-prolifération des vers. C'est une action curative pour les animaux et préventive pour les hommes. À noter que la vermifugation garantit une plus grande efficacité des vaccinations.

**La dirofilariose :** elle est due à un ver du cœur, inoculé par des moustiques femelles. La larve met plusieurs mois à se développer. Les symptômes sont la toux, un état apathique, des essoufflements. Il n'existe pas de vaccin mais des traitements.

## Les maladies infectieuses

De grandes pathologies infectieuses peuvent affecter le chat de façon dramatique.

**La panleucopénie infectieuse féline :** plus connue sous le nom de typhus, elle est causée par un rétrovirus qui entraîne la chute des globules blancs. Ce dernier se multiplie dans les cellules, atteint le cervelet, le tube digestif, la moelle osseuse. La maladie se transmet par contact indirect (les assiettes, la main de l'homme) et par contact direct (sécrétions, urine, sang, déjections). Elle se manifeste après 5 à 7 jours d'incubation. Le chat est patraque, refuse de s'alimenter, vomit. Il reste figé à côté de son bol d'eau ou de lait. Son état est fébrile – sa température peut atteindre 41 °C. Puis, il se déshydrate, expulse des matières liquides, jaunâtres, chargées d'écumes. Attention ! Les puces, qui ont absorbé du sang de chats contaminés, sont vecteurs de cette maladie. Seul le vaccin est très efficace.

**Le coryza :** cette affection des yeux et des voies respiratoires se regroupe sous 4 formes différentes. La rhinotrachéite virale, due au Féline herpès virus (Fhv), provoque une ophtalmie purulente. Larmoiements et éternuements ponctuent cette maladie ; la calcivirose provoque la formation de vésicules sur la langue. Le chat a de la fièvre et souffre d'anorexie, puis on constate une lésion des poumons ; La réovirose est source de larmoiements, à l'instar de la conjonctivite. Ce sont surtout les jeunes chats qui sont touchés ; enfin, la chlamydiose est due à une bactérie appelée *Chlamydia psittaci*. Elle provoque à la fois conjonctivite et rhinite. Le chat éternue, a l'œil qui coule et qui devient rouge. À la différence du coryza, la chlamydiose n'entraîne jamais d'ulcères. Le meilleur moyen de prévention est la vaccination.

## Les virus prennent du terrain

La leucose se manifeste sous deux formes, le Felv et le Fiv, deux rétroviroses, considérées comme les pires ennemies du chat.

**Le Felv (*Feline leukaemia virus* ou virus de la leucose féline) :** il se transmet par contact direct. Un léchage amical ou encore une morsure de combat suffit. Le chat peut également contaminer ses congénères par le sang. Le virus est disséminé dans les muqueuses et épithéliums (rein, vessie, poumon), puis excrété dans les larmes, la salive, les fèces, l'urine, le lait. À ce stade, le chat est très contagieux.

**Le Fiv (*Feline immunodeficiency virus* ou virus de l'immunodéficience féline) :** il est une autre forme de leucose. Le chat présente les mêmes symptômes d'immunodépression que le Felv, mais cette maladie n'a pas de propriété cancérigène. Il n'existe aucun vaccin contre le Fiv. Néanmoins, on peut savoir si son chat est atteint grâce au dépistage. Aucune contamination du chat à l'homme n'est possible, qu'il s'agisse du Felv ou du Fiv. Le diagnostic de longévité d'un chat atteint de Fiv est de 5 à 6 ans.

**La péritonite infectieuse féline :** elle est due à un virus, de la famille des coronavirus, qui est très résistant. Le chat est atteint dès l'âge de six mois. La PIF se transmet par l'intermédiaire de nombreuses sécrétions. Il existe la forme exsudative : le chat a de grandes difficultés respiratoires dues au liquide répandu dans la cavité pleurale ; la forme sèche révèle des lésions au niveau du cerveau, du péritoine. Le traitement repose sur des antibiotiques et diurétiques. Le vaccin fait encore l'objet de recherches. Tous les objets qui ont été en contact avec un animal malade de la PIF doivent être désinfectés.

**La rage :** c'est une maladie transmissible à l'homme (zoonose). Le virus se diffuse par la salive et attaque les centres nerveux de tous les animaux à sang chaud. Les chats errants qui ne jouissent d'aucune protection immunitaire peuvent être victimes de la rage, mais aussi les chats domestiques non vaccinés et qui sortent. Cette maladie mortelle, aujourd'hui éradiquée en France, est évitée grâce à la vaccination obligatoire pour le chat qui doit séjourner dans les centres de vacances, terrains de camping, et passer les frontières.

| Mini-guide du diagnostic | | |
|---|---|---|
| **Couleur des muqueuses** | **Signalement** | **Intervention vétérinaire** |
| Rose | État normal de la circulation sanguine | |
| Blanc | Anémie ou perte sanguine | Consultation |
| Jaune ou orangé | Souffrance hépatique | Consultation |
| Bleu violacé | Problèmes respiratoires | Urgence |
| Rouge foncé | Intoxication (raticides) | Urgence |
| État de la peau : perd de sa souplesse, reste plissée si on la pince au niveau du cou | Déshydratation | Consultation |

## La fièvre : réagir au quart de tour

Comment détecter la fièvre ? Signale-t-elle une maladie grave ? À quel moment aller chez le vétérinaire ? La fièvre indique une affection générale de l'organisme. Les yeux, le nez ou les oreilles coulent-ils ? Cela révèle une pathologie. Lorsque le chat n'est pas en forme, il faut prendre sa température. Au-dessus de 38,5 °C, il couve une maladie. Vous devez alors l'emmener chez le vétérinaire. Il y a parfois urgence.

## Jamais sans vaccin

Pour protéger le chat contre les virus, il est nécessaire de déclencher l'immunité en pratiquant la vaccination. Celle-ci se traduit par une série d'injections dès le tout jeune âge, à partir de la neuvième semaine. Pendant une durée minimale d'un an, l'animal acquiert un état de résistance ou « immunité ». S'il rencontre un félin malade, il est protégé. Les vaccins associés permettent de protéger le chat contre trois ou quatre maladies en une seule injection. Ils sont facultatifs, hormis la vaccination antirabique dans certaines circonstances, mais vivement recommandés.

## Le chat est patraque, mettez-vous en quatre

Lorsque vous détectez les premiers signes de mauvaise santé chez votre chat, certaines mesures sont à prendre.

**1. L'emmener chez le vétérinaire :** le praticien est le seul capable de poser un diagnostic et détecter la maladie. Outre les méthodes d'investigation (analyses, radiographies, tests de dépistage, etc.), il s'appuie sur des éléments de comportement. Aussi devez-vous relater avec précision l'état de votre chat. Le problème est que l'on remarque rarement que le chat est malade. Lorsque l'on s'en aperçoit, il peut être déjà rongé par le mal.

**2. Bien s'occuper de lui :** être attentif et aux petits soins. Lui préparer une corbeille matelassée de vieux pulls et l'installer près d'une source de chaleur.

**3. Ne pas le déranger :** limiter les visites dans sa « chambre d'hôpital », sans pour autant le délaisser. Demander aux enfants de le caresser doucement, mais pas trop longtemps.

**4. Accepter les inconvénients :** pas question de le réprimander, s'il se laisse aller et défèque à côté du bac.

## Les maladies en tous genres

Tout excès alimentaire nuit autant qu'une carence. L'erreur dans le dosage nutritionnel est très nocive pour l'organisme du chat. Les maladies liées aux dérèglements alimentaires sont les suivantes.

**Le diabète :** il peut être provoqué par un excès de sucre qui déclenche un dérèglement du pancréas. Il n'est pas toujours d'ordre génétique, hormonal, immunologique, thérapeutique, viral, mais peut être lié à une erreur d'alimentation.

**L'urémie :** elle peut être liée à une consommation excessive de viande, mais surtout à tous les troubles rénaux. Les reins perdent leur qualité de filtre. Apathie, abattement, mauvaise haleine, déshydratation sont les signes de cette maladie.

**Le Syndrome urologique félin (SUF) ou maladie de la pierre :** il est provoqué par une surabondance de magnésium contenu dans la viande et le poisson. Cela se manifeste par des calculs dans les voies urinaires, dont l'obstruction nécessite une rapide intervention.

**L'obésité :** elle caractérise une maladie de civilisation, fréquente chez le chat qui vit en appartement. La diététique reste la meilleure prévention pour éviter de nombreux troubles liés à l'obésité : maladies cardiaques, respiratoires, diabète, déformation du squelette. Des aliments spécifiques en vente chez les vétérinaires, et conçus par de nombreux fabricants, à la suite d'études et analyses très sérieuses, représentent une aide précieuse et sont une garantie de bonne santé. Il faut compter une perte hebdomadaire de poids de 3 % en moyenne les six premières semaines de régime, puis de 2 % ensuite.

## Et vous, comment allez-vous ?

Le chat vous a mordu, a griffé le petit dernier, et voici que la main ou la cheville visée prennent une drôle d'allure : hématomes, gonflements. Rassurez-vous, si vous risquez une de ces maladies, il y a plus de peur que de mal, elles sont bénignes. Néanmoins, réagissez !

Parfois, à l'occasion d'un coup de griffe, le chat risque d'inoculer le virus de la lymphoréticulose bénigne ou maladie de la griffe du chat. Vous devez vous passer du savon (de Marseille) sur la zone atteinte, ou un désinfectant, et ce, immédiatement après la griffure. La lésion est invisible au début. Puis des ganglions gonflés apparaissent sous le bras, accompagnés de fièvre et d'une fatigue. La prescription d'antibiotique par un médecin suffit à guérir.

Vous pouvez aussi être victime d'une morsure de chat, soit parce qu'il est jeune, soit parce qu'il a été agressé, ou encore parce qu'il a un trouble comportemental. Elle peut entraîner une inflammation douloureuse. Il s'ensuit parfois une pasteurellose qui provoque de la fièvre. Toute plaie doit être nettoyée au savon de Marseille et désinfectée.

**IDÉE REÇUE !**

**Un chat en appartement n'a pas besoin d'être vacciné.**

**Faux.** Il n'est pas à l'abri des virus. Respectez le protocole de vaccination établi par le vétérinaire.
En général, le chat est vacciné à 9 semaines contre le coryza, la panleucopénie féline, la leucose, la chlamydiose. La seconde injection a lieu lorsqu'il est âgé de 3 mois. Elle intègre le vaccin contre la rage. Et à nouveau un mois plus tard. Le rappel de vaccins est annuel. La date doit être respectée scrupuleusement. Le chat en collectivité doit avoir un rappel contre la chlamydiose tous les six mois.

## Le troisième âge du chat

Si la vieillesse n'est pas une maladie, c'est néanmoins à ce stade que certains maux handicapant le chat apparaissent. Comment remédier à ses vieilles douleurs ? La longévité moyenne du félin est de 18 ans, mais les premiers maux de la vieillesse apparaissent vers 14 ans. Il arrive qu'il passe la barre du quatrième âge, à 18 ans, et vive jusqu'à 20 ans, voire plus. Certes, le grand âge le rend moins dynamique et son activité ludique diminue. Il passe alors de longues heures à dormir. Au moment des repas, il ne manifeste pas autant de gourmandise que par le passé. Il n'a plus la même allure : son pelage est moins brillant, tout clairsemé. Sa fourrure est souvent emmêlée et feutrée sur le dos (le derme est moins bien irrigué par le sang). Et puis à cet âge, le chat est plus négligent pour faire sa toilette.

Ses yeux se mettent aussi à changer. La pupille est plus ou moins opalescente. Le cristallin, situé derrière l'iris, subit une sclérose et la lumière ne passe plus aussi bien. Le chat a une vision floue. Cela ne veut pas dire qu'il devient aveugle. S'il échappe à l'uvéite ou au diabète, il conserve sa vue. La couleur de son regard se modifie : en vieillissant, il a les yeux plus pâles.

## Maudite arthrose

Si elle est inévitable, sachez qu'il existe des aliments qui permettent de lutter contre l'arthrose. En vieillissant, le chat est moins souple, il ne peut plus faire de contorsions comme du temps de sa jeunesse, et peine à faire sa toilette. La zone la plus difficile à atteindre est le dos à la base de la queue. Il faut donc couper les poils feutrés, et vérifier également les griffes mal entretenues.

## Autres troubles

Le vieux chat entend moins bien. En revanche, il conserve bien ses dents pourvu qu'il ait bénéficié d'une bonne alimentation depuis son plus jeune âge. On observe notamment un fonctionnement excessif de la glande thyroïde. Cela provoque une hypertrophie cardiaque et des troubles graves. Il semble aussi souffrir de troubles endocriniens comme le diabète. Chez la chatte, ce sont les tumeurs mammaires cancéreuses qui sont les plus fréquentes. Elles doivent être traitées sans tarder. Il faut également se méfier du fibrosarcome sous-cutané (tumeurs de la bouche qui peuvent siéger sur les gencives), du méningiome intracrânien à l'origine des troubles du comportement et troubles locomoteurs (tourner en rond). Si le chat est traité chirurgicalement, il peut augmenter sa vie de 4 à 5 ans.

Enfin, le chat âgé est souvent victime d'insuffisance rénale chronique. Si ses troubles urinaires sont moins fréquents grâce à son alimentation de mieux en mieux étudiée, ses reins demeurent fragiles. L'épuration s'effectue plus difficilement. Du coup, les déchets toxiques s'accumulent dans le sang. Le chat maigrit, vomit, exhale une odeur urineuse de la bouche, souffre d'ulcères labiaux.

## Aidez votre chat à bien vieillir

Il s'agit d'observer ces trois règles : lui donner une nourriture adaptée, une qualité de soins et le laisser vivre à un rythme lent. Les besoins énergétiques du chat âgé étant réduits de 20 %, sa ration journalière doit être réduite en protéines. Il existe des aliments adaptés au 3e ou 4e âge du chat, qui couvrent ses besoins physiologiques, et atténuent l'assaut des maladies spécifiques de la vieillesse féline : maladies rénales, troubles du diabète, maladies cardio-vasculaires. Assurez sa toilette d'un brossage doux 2 fois par semaine (chaque jour pour un poil long) : coupe des poils de la zone anale ; inspection des yeux, des oreilles, de la bouche ; égalisation des griffes.

Enfin le chat âgé doit pouvoir vivre dans le calme. Par exemple, si vous avez de la visite de jeunes enfants, mettez-le « à l'abri » dans une autre pièce, afin de lui éviter le stress et qu'il puisse dormir. Il viendra saluer la compagnie dès qu'il en aura envie.

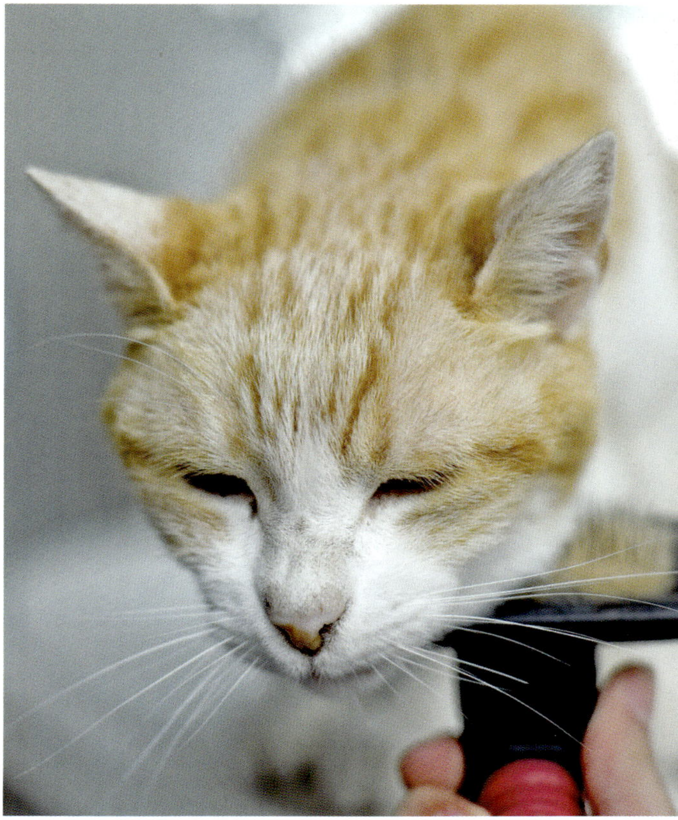

# Ses jeux

Pour franchir **l'étape de la socialisation**, le jeu est essentiel. Il permet au chaton de **tester sa force**, **ses aptitudes** et **son rapport aux autres**. Son envie de jouer s'émousse vers l'âge de cinq mois. Cela correspond dans la nature à la période où il doit se débrouiller tout seul. Mais tout au long de son existence, le chat doit avoir une activité ludique. Les jeux se pratiquent d'abord au sein de la fratrie, puis d'autres se créent dans la maison de sa nouvelle famille. Le chat devenu plus **autonome** a aussi ses propres jeux.

## Dans la fratrie, le calendrier des jeux

Tout commence à l'âge tendre, avec les jeux de maîtrise et d'expérimentation. Dès la troisième semaine, le bébé chat engage une bataille pour s'amuser avec sa mère. Debout sur ses pattes arrière, il donne des coups de patte. Ses mouvements dirigés vers elle lui apprennent à s'imposer. Il marche parfois à tâtons, comme s'il jouait à colin-maillard. La quatrième semaine, avec ses frères et sœurs, place aux jeux de guerre ! Dans ses premières leçons de bagarre, le jeu est un prélude aux combats, aux luttes de rivalité. Il se couche sur le dos, fait des mouvements de pédalage, comme pour rejeter ses frères et sœurs, leur mordille le cou. On le voit également dos arqué, poil gonflé, queue à la verticale, marchant en crabe. C'est le « jeu de Catwars ». Il veut déjà impressionner son monde, croyant semer la panique dans la tribu. La cinquième semaine, ses frères et sœurs sont toujours ses partenaires, et il entreprend de nouveaux jeux : il rampe comme un serpent ; debout, comme le kangourou, il boxe avec ses pattes avant ; tout naturellement il joue à chat : les chatons s'élancent comme des fous, s'attrapent... touché ! À force d'attaquer, le chaton apprend les gestes de survie, les techniques de la chasse. Il est temps de s'imposer comme apprenti chasseur. Il découvre le jeu de la souris, de l'oiseau, du poisson (voir ci-dessous). À six semaines, on entre dans le moment du jeu à deux. Assis, regardant fixement son partenaire, il lui tapote les joues et lui donne des petits coups à patte de velours. À sept semaines, le voilà grand. Ses frères et sœurs aussi. Toute la fratrie grimpe sur des perchoirs, pour éviter de se faire attraper, on joue à chat perché ! Puis on chevauche ses partenaires, comme à saute-mouton, ou on joue au chat et à la souris, les uns faisant la proie les autres le prédateur. Enfin, les petits costauds transformés en judokas se font des prises de judo, ça se corse.

## À la maison, les jeux de chasse retrouvés

Votre chat est nourri régulièrement, rien ne l'oblige à chasser, mais il doit avoir une activité ludique pour vaincre l'ennui, exercer son instinct de chasseur et d'explorateur, et pour entretenir sa musculature et sa félinité. Il reproduit avec les objets de la maison ce qu'il ferait dans la nature : sous un tapis, il creuse un tunnel, se cache, suivent acrobaties, voltiges, tapes et volte-face. Il saute, attrape, ramène les objets vers lui. Ce ne sont pas des jeux de hasard mais l'esquisse des scènes de chasse. Elles se déroulent en trois actes. Le jeu de la souris, le jeu de l'oiseau et celui du poisson.

**Une pelote de laine, ou une ficelle** qui traîne par terre fait l'affaire pour l'inciter au jeu de la souris. Le chat attire l'objet vers lui, sort les griffes, pousse sa « souris », replie les pattes, s'aplatit. Il fixe sa proie sans jamais la quitter du regard. Que la « souris » lui échappe, il la récupère, l'immobilise, et la tient, prisonnière et victime entre ses pattes.

**Un bouchon suspendu à une ficelle** et c'est le déclic pour le jeu de l'oiseau. D'un bond, le chaton s'en empare, doigts écartés, toutes griffes dehors, ergots pliés à angle droit. « L'oiseau » n'a pas pris son envol, mais dans son esprit, le chaton a bel et bien attrapé une proie. L'éthologue Desmond Morris dit que le chat a inventé pigeon vole.

**Une balle de papier,** et le chat s'emballe ! C'est parti pour le jeu du poisson. D'un mouvement vif, il tourne sa patte vers le haut, puis d'une chiquenaude propulse la balle et se rue à sa poursuite. Il aurait le même comportement au bord d'une mare ou d'un étang.

À ces trois jeux individuels, s'ajoute une autre séquence : la pantoufle qu'il prend pour un lapin. Elle est fort mal en point entre ses mâchoires, mais le chat s'amuse, devenu un chasseur sachant chasser !

## Ses partenaires de jeux

Le chat possède une gamme de jeux extraordinaires. Cela varie aussi en fonction des partenaires.

**Avec vous :** caché derrière une commode, il vous espionne en remuant la queue. Il frémit comme un tigre aux aguets, bondit, puis il fait le gros dos, le voici fin prêt pour le combat. S'il vous voit accroupi sur le tapis pour ramasser un objet, le jeune félin interprète cette position comme une invitation. Le jeu est tout naturel. Le lit peut être aussi de la partie : chaque matin, lorsque vous le faites, il se jette sur les draps, rapide comme un voleur. Nullement importuné par les couvertures que l'on étale sur son dos, il ne bouge plus d'un poil. Seule la bosse formée à son endroit laisse imaginer que le lit lui sert de cachette. Jouer à cache-cache divertit profondément ce bon petit diable. Les cartons d'emballage, les boîtes à chaussures le réjouissent. Il s'engouffre, se niche, s'isole, se dissimule. Le besoin de retrouver un nid est impératif chez le chat, jamais sorti de l'âge tendre.

Vous lancez un objet ? Et le petit malin l'attrape, le garde, le cache ou le rapporte au gré de son humeur. Il finit par l'abandonner, mais cette souris-là, il ne va pas l'oublier de sitôt. Il la taquine, la mordille, la saisit dans ses pattes avant et la laboure de ses pattes arrière. Bientôt elle est déchiquetée, mais quelle partie de plaisir !

**Avec les enfants :** une seule règle du jeu est valable pour le chat, à savoir la sienne, « Tu es la proie, moi le prédateur ». Poussé par son instinct de chasseur, tapi au sol, il va d'un bond, à la vitesse d'une fusée, atteindre les jambes du petit garçon. Toutes griffes et toutes dents dehors, le chat assaille la construction de Lego®, démolit en un quart de seconde les châteaux forts et tours de contrôle. Le train électrique est mis hors rails, les petites voitures stoppées sur le circuit.

Mais avec les petites filles, le diablotin baisse les armes. À l'aise entre baigneurs et habits de poupée, il se laisse enfiler une jupe de laine, tolère un chandail étriqué. Docile et serein, il se niche, tend son museau, frotte son front contre celui de sa « petite maman » qui a relégué poupons et nounours au fond des oubliettes. C'est que le chat est bien plus doux !

**Avec les autres animaux :** entre chats, ce sont les mêmes parties de jeux qu'avec la fratrie qui se renouvellent. Lorsqu'ils sont copains, chat et chien jouent à la balle, à se donner des coups de patte amicaux, à « attrape-moi si tu peux »... Des coups de langue renforcent leur complicité.

### IDÉE REÇUE !

**Difficile de faire jouer le chat, il passe son temps à dormir !**

**Faux.** Malgré sa sérénité, il est toujours sur le qui-vive : il suffit de lui lancer une balle de papier, pour qu'il réagisse immédiatement. Tout est prétexte au jeu. Chez le félidé, les objets déclenchent le désir de bouger, courir, saisir. S'il ne joue pas tout seul, stimulez-le. Le jeu permet une activité physique et évite ennui et dépression. Le chat adulte joue un peu moins que lorsqu'il est chaton, néanmoins, il ne doit pas perdre l'envie de jouer.

Cette drôle de souris croyait être plus rapide que moi !

## Attention, jeux interdits !

Le chat a la manie de s'inventer des jeux en tous lieux. Ayez l'œil sur lui. Ses divertissements ne sont pas toujours sans risques.

| Jeu | Objet | Règle | Risque |
|---|---|---|---|
| Le Manège enchanté | Machine à laver | Se cacher | Mort |
| Le Chat invisible | Tiroir | Se cacher | Étouffement |
| Le Chat volant | Mouche ou poussière dans un rayon de soleil | Se projeter dans le vide | Chute (mortelle ou non) |
| Le Chat parachute | Rebord de fenêtre | Faire du gymkhana | Chute (mortelle ou non) |
| Le Chat qui fume | Récipient d'eau bouillante | Plonger | Noyade, brûlure |
| La queue de souris | Fils électriques | Mordiller | Électrocution |
| La souris | Bobine de fil avec aiguille | Mordiller | Perforation de l'estomac |
| À Cache-cache | Sac en plastique | S'engouffrer | Asphyxie |

## IDÉE REÇUE !

**Le chat qui n'a pas de jouets est désœuvré.**

**Vrai et faux.** Il est assez malin pour s'inventer des proies imaginaires. Il guette inlassablement un invisible moucheron. Il tend une embuscade à la poussière. Il croit traquer un mulot, en taquinant l'ombre de sa queue. Au crépuscule, il marche en crabe, la queue dressée, et s'élance à la poursuite du néant. Rien n'est plus grisant que le jeu hallucinatoire pour le chat... mytho !

## Panoplie des joujoux

Légers, de texture relativement molle, les joujoux pour chat que l'on trouve dans le commerce sont conçus pour satisfaire son désir d'attraper, de mordiller, de lancer en l'air. Ils incitent au combat, aux courses-poursuites. Il ne peut se passer d'un arbre à chat : dans les niches, il a tout le loisir d'observer ses proies imaginaires et de les capturer... dans ses rêves.

**Bouger, glisser, se sauver :** ce sont les critères du jouet idéal selon l'éthologue Konrad Lorenz. Dans le hit-parade des jouets pour chats, les souris en peluche occupent la meilleure place. Le chat aime aussi s'attaquer à une araignée en fourrure, triturer un clown qui fait du bruit ou faire avancer une cage à grelot. Son grand plaisir est de faire rouler la balle inlassablement dans un tube circulaire, à l'intérieur d'une corbeille

en mousse. D'une nature gaie et inventive, le chat trouve mille occasions de se divertir. Le stylo est un formidable objet de jeu qui bouge, gratte, brille… il fait merveille. La souris de l'ordinateur est une belle proie à saisir. Elle bouge rapidement, glisse et « surtout se sauve »… Connaissez-vous le Miaoubox (à commander sur Internet) ? Trois jouets oiseau et une souris sont à « chasser », tandis que le Magic Hat est équipé d'un jouet lapin, d'un jouet carotte, d'un jouet oiseau et d'une baguette magique.

**L'arbre à chat :** ce concept très étudié convient parfaitement au chat sportif. Dans ce jeu-perchoir, il multiplie grimpers et galipettes, explore les niches qui s'emboîtent à partir du tronc. Formes et couleurs inédites, touche d'exotisme… C'est ainsi que se présentent les nouveaux arbres à chat. Il existe de grands modèles de 1,20 m de large sur 1,90 m de long pour les plus sportifs de nos minets. Ils sont très résistants aux griffes. Les poteaux sont recouverts de sisal naturel solide. Ces aires de divertissement ont par ailleurs des zones de repos tels des hamacs confortables et moelleux qui garantissent confort et chaleur au chat ; il peut se lover sur les plates-formes habillées de fourrure synthétique toute douce. Une autre de leurs caractéristiques sont les superbes cachettes qui vont lui permettre de disparaître le temps d'un jeu ou d'une sieste. Enfin, il a tout loisir de taquiner des jouets amusants et originaux : une banane, une souris en peluche, un singe décoratif, une échelle recouverte de sisal, une corde…

# Ses vacances et escapades

Les préparatifs de vacances concernent évidemment aussi le chat. Qu'il vienne ou qu'il reste, quelles sont **les mesures à prendre ?** Va-t-il rester à la maison ou partir en **garderie** ? Comment organiser alors son séjour en votre absence ? Depuis quelques années, les **associations** et **organismes** spécialisés se sont développés et proposent des solutions adaptées.

## D'une maison à l'autre

Impossible d'emmener son chat avec soi, quelle catastrophe ! Rassurez-vous, il existe des solutions : on peut le faire garder. Toutes les précautions doivent être prises afin que son séjour se déroule dans les meilleures conditions. La première mesure consiste à laisser vos coordonnées et celles de votre vétérinaire à la personne qui va prendre en charge votre animal.

### La garderie à domicile

Vous pouvez avoir une préférence – ou l'opportunité – pour le système de garderie à la maison. C'est une proposition faite par les organismes : un couple ou un individu vient habiter dans la maison gratuitement et, en échange, s'occupe de votre chat. Votre petit compagnon n'est alors pas dépaysé, il est toujours sous le même toit, il est nourri, choyé, peut-être emmené en promenade. Il n'a pas à affronter la solitude, ce qui est rassurant ; car on sent déjà que vous culpabilisez à peine avez-vous claqué les portières de la voiture. Cerise sur le gâteau, la maison est entretenue. Bien sûr, les personnes qui squattent la demeure pour être au service de Sa Majesté sont triées sur le volet. Elles doivent présenter un certain nombre de garanties, la plus importante à vos yeux étant l'amour des animaux. Votre chat, un peu circonspect face au(x) nouvel(aux) occupant(s) de sa maison, finira par s'habituer. L'idéal serait alors que ce(s) dernier(s) vienne(nt) avant le jour de votre départ pour faire

connaissance. Si c'est un ou une ami(e) qu'il connaît déjà, c'est encore mieux !

Autre solution, les gardes à domicile sans cohabitation. Ce qui implique que l'on vienne régulièrement nourrir et dorloter le chat. Le temps lui semble moins long, il sait qu'il aura de la visite, que l'on changera sa litière et remplira son assiette de croquettes, jouera, parlera avec lui. Cela peut être quelqu'un de confiance ou des étudiants en recherche de « baby-sitting », des retraités ravis de tenir compagnie à votre chat.

## Il change de maison

C'est ce qui est prévu lorsque l'on opte pour la solution des familles d'accueil. Le succès des organismes, faisant appel à des retraités pouvant accueillir les chats, est grandissant. Certes le chat doit quitter ses pénates, mais il a la chance de pouvoir être choyé par des personnes disponibles et qui ne sont pas avares d'affection. Il peut également être accueilli par une personne proche de vous et qu'il connaît bien. Et si le chat n'apprécie guère de sortir de son territoire, il finira par s'acclimater.

## En garderie ou en pension

Le mode de garde le plus fréquemment retenu est la pension. Les chats sont encadrés par un personnel qualifié. Ils se défoulent dans les aires de jeux, dorment dans un abri chaud et confortable, et l'endroit où ils font leurs besoins est irréprochable.

Lorsque l'on amène son chat en garderie, il convient d'être attentif. Visitez les lieux avant de vous engager : l'hygiène doit y être parfaite. Renseignez-vous aussi sur la nourriture. Quel régime alimentaire lui proposera-t-on ? Enfin l'établissement ne doit pas être trop bruyant.

Avant d'amener son chat en pension, vous devrez fournir les papiers suivants : le certificat de vaccination et la carte d'identification. Enfin, si vos nom et adresse doivent être communiqués, il est important de donner aussi votre numéro de téléphone (fixe et mobile) en cas d'urgence, ainsi que celui de votre vétérinaire.

**IDÉE REÇUE !**

**Si le chat mis en pension ou garderie commet des dégâts, c'est vous qui serez responsable.**

**Faux.** S'il s'agrippe aux rideaux, fait tomber des objets, ne défèque pas où il faut, vous n'êtes pas responsable. Selon l'article 1385 du Code civil, la responsabilité incombe à la personne qui en assume momentanément la charge et non pas au propriétaire de l'animal. Mais il vous appartient de signaler tout comportement particulier de votre chat, de manière à ce qu'il soit intégré dans l'établissement avec les précautions nécessaires pour éviter tout incident.

Tu as vu le chat ?
je ne le retrouve pas !

## IDÉE REÇUE !

**C'est à cause des vacances que l'on n'a pas de chat !**

**Faux.** *Comme le montre ce chapitre, toutes les dispositions existent. Organismes, associations de protection animale redoublent d'efforts dans ce sens, pour juguler notamment ce fléau estival qu'est l'abandon des animaux. Chaque année, environ 80 000 chats (et chiens) sont rejetés. Plus jamais ça !*

## En voyage

Cap sur l'étranger ou virée dans l'Hexagone avec le chat ? Songez aux démarches administratives, et aussi à l'aménagement de ses « vacances ». Pour cela, les organismes vous mâchent le travail. Guides, brochures, numéros Azur, campagnes d'information, associations sont mis à votre disposition. Vous devez respecter diverses étapes, à commencer par prouver son identification. Elle est obligatoire pour tous les chats, lorsqu'il vous accompagne en camping ou dans un centre de vacances, en Corse, dans les DOM-TOM, dans les pays étrangers et pour le retour en France. Votre compagnon doit être aussi muni de son passeport européen (vaccin contre la rage obligatoire pour voyager).

## La " boîte de transport "

Votre chat doit pouvoir voyager en sécurité dans une boîte de transport adaptée à sa taille, et correctement aérée. Les dimensions sont importantes : trop grande, elle ne lui permet pas de se blottir et de se réfugier, trop petite, elle lui ôte toute liberté de mouvement, ce qui n'est pas du tout recommandé. En voiture, gardez-le dans sa boîte ou son panier que vous installerez sur le siège arrière. Ainsi, le chat est en sécurité. Il ne sera pas affolé par les paysages qui défilent sous ses yeux ou les phares des voitures en pleine nuit. Évitez les courants d'air qui risquent de provoquer une otite. Ne le laissez pas enfermé dans votre véhicule en plein soleil, il risque un coup de chaleur qui peut être mortel. Arrêtez-vous régulièrement, et s'il fait chaud, humectez son pelage et donnez-lui à boire.

## De l'air !

Dans la rue ou à la campagne, vous pouvez promener votre chat en l'équipant d'un harnais. Il s'agit d'une lanière qui lui maintient les épaules et le ventre sans provoquer de gêne, ni blessure. On y attache la laisse, à la fois légère et solide, qui permet d'avoir en main son petit compagnon. On peut resserrer les distances s'il le faut ou au contraire lâcher du lest. Le collier n'est pas recommandé. Il ne convient pas à la tête ronde du chat, l'importune et glisse au moindre mouvement de rejet. La sécurité n'est alors plus assurée.

## Le chat, " citoyen européen "

Au sein de l'UE, que faut-il prévoir pour ce nouveau « citoyen européen » ? C'est en effet son nouveau statut.

Le chat dispose d'un passeport européen. Depuis la fin de l'année 2004, ce document, fourni et rempli par le vétérinaire, remplace le traditionnel carnet de santé. Il mentionne l'identification et la description du chat, le nom et l'adresse du maître, et comporte des données sanitaires (vaccins, dont la vaccination antirabique), les antécédents médicaux. Les conditions sanitaires doivent être anticipées : on prévoit un laps de temps de plusieurs mois. Le chat est soumis au règlement établi par les états membres de l'UE : identification ; vaccination contre la rage (plus d'un mois avant le départ et moins d'un an) ; passeport européen ; être âgé de plus de 3 mois.

Pour les pays qui ne font pas partie de l'UE (le Royaume-Uni, la Suède et l'Irlande), il y a des obligations supplémentaires : sérologie antirabique, traitement antiparasitaire spécifique (vers *Echinococcus*, tiques).

Enfin pour les pays tiers qui ne sont pas membres de l'UE, le chat doit être âgé de plus de 3 mois, identifié, vacciné contre la rage, testé par un titrage d'anticorps antirabiques au moins égal à 0,5 UI/ml.

## Carnet de voyage

Comment bien voyager avec votre chat en voiture, en avion, en train, en bateau, en métro, en bus ?

| Transport | Règles | Exigences | Conseils |
|---|---|---|---|
| **Voiture** | Animal dans son panier à l'arrière. | Ne pas laisser le chat dans le véhicule à l'arrêt. | Arrêtez-vous toutes les 2 heures pour lui donner à boire. |
| **Avion** | Dans un sac, si le chat pèse moins de 5 kg ; sinon dans la soute. | Fournir la cage pour le voyage en soute. Voyage payant. | Prévenir la compagnie lors de l'achat du billet. |
| **Train** | Dans un sac, si le chat pèse moins de 6 kg. | Environ 5 € quelle que soit la destination. | Veiller à ce qu'il n'importune pas les voyageurs. |
| **Bateau** | Toutes les compagnies n'acceptent pas les animaux, se renseigner. | Vaccins à jour. Emporter le carnet de vaccinations. | Envisager avec le vétérinaire un traitement contre le mal de mer. |
| **Métro, bus, taxi** | Règlement imposé par les villes. Le taxi accepte le chat dans son panier. | Tarif payant ou gratuit. | Le chat doit être dans son panier. |

# Comment lui dire adieu ?

*Cela arrive toujours trop tôt, on ne veut pas y penser, mais un jour il faut organiser son dernier voyage.* **Comment faire au mieux son deuil ? Où l'enterrer ?** *Quoi qu'il en soit, votre chat restera toujours présent dans votre cœur même si peut-être un autre prendra le relais de la vie.*

## Pour accompagner votre deuil

Le chagrin est intense. Autant que pour tout être cher. La seule différence est que cela durera moins longtemps. Comment faire son deuil ?

Essayez de prendre une journée pour vous afin de vous isoler et ne pas retenir vos larmes. Puis parlez-en aux amis capables de comprendre cette épreuve. Afin d'être certain de ne pas l'oublier, vous pouvez lui consacrer un album de photos prises avec vous, votre famille, vos amis, et évoquer par écrit des moments passés ensemble (ou sur votre ordinateur, créer un dossier-album personnalisé avec son nom). Cela vous aidera à surmonter votre chagrin.

Vous pouvez aussi déposer la photo de votre chat, ses dates de naissance et de décès et quelques commentaires sur le site d'un cimetière virtuel (voir le carnet d'adresses page 124), en dernier hommage et pour qu'il reste présent dans vos souvenirs.

Et puis, passé un mois (plus ou moins), vous pourrez envisager d'avoir un autre chat. N'en ressentez aucune honte. Certains d'entre nous ne peuvent vivre sans. Et cet autre compagnon que vous irez chercher dans un refuge de la SPA, chez un éleveur ou encore que vous rencontrerez par hasard ou qu'un ami vous offrira, vous permettra de retrouver votre sérénité.

Chaque animal reste présent dans les souvenirs, tout au long de l'existence, surtout si on peut l'évoquer en famille ou entre amis. C'est pourquoi, donner un nom à chacun d'eux est essentiel, chacun ayant sa propre histoire avec vous. Et chaque chat est unique. Mais c'est toujours le chat du présent qui embellit votre vie.

## Choisir sa dernière demeure

Elle peut être située dans votre jardin, à plus d'un mètre de profondeur, ou bien dans un lieu réservé par la ville, ou bien encore être réduite en un petit coffret. Privés ou municipaux, les cimetières pour animaux fleurissent près des villes, sous les grands arbres où ils peuvent reposer en paix. Le cimetière d'Asnières (géré par la Société française anonyme du cimetière pour chiens et chats) se trouve dans la banlieue nord-ouest de Paris. Fondé en 1899, il conserve la mémoire d'animaux célèbres. Bien qu'il soit intitulé « cimetière pour chiens », les chats y sont acceptés. En France, on compte une vingtaine de cimetières pour animaux (voir le carnet

d'adresses page 124). Il existe également les cimetières associatifs comme celui de la SPA.

Enfouir le corps de son chat dans la terre ne convient pas à tous. Certains préfèrent posséder les cendres. La crémation est collective ou individuelle. Vous pourrez conserver l'urne et même l'emporter dans votre caveau.

• Pour enterrer votre chat au cimetière d'Asnières, il faut acheter une concession, renouvelable au bout d'un an (140 €), 3 ans (335 €), 5 ans (524 €), 10 ans (979 €), 20 ans (1 817 €). L'inhumation coûte 70 €.

• Une incinération collective, dont les cendres sont ensuite dispersées dans la nature, coûte entre 95 et 160 € avec enlèvement à domicile. Une incinération individuelle avec enlèvement à domicile et récupération des cendres (urne comprise) coûte 280 €.

• En cas d'euthanasie, le vétérinaire prend en charge la dépouille et contacte le centre de crémation le plus proche. C'est donc gratuit.

• Sachez qu'il est interdit de jeter la dépouille de l'animal à la poubelle. Cela constitue une infraction à l'hygiène publique et expose à une contravention, dont le montant varie selon les villes.

# Carnet pratique

# La SPA et vous

## Des valeurs et un engagement au service des animaux

### Recueillir

Créée en 1845 et reconnue d'utilité publique en 1860, la SPA recueille les animaux abandonnés, perdus ou maltraités dans ses refuges. Ceux-ci sont en 2013 au nombre de 56 et accueillent près de 40 000 animaux par an.

### Soigner

Tous les animaux accueillis dans les refuges reçoivent les soins nécessaires.
La SPA aide également les propriétaires démunis à faire soigner leurs animaux dans ses 12 dispensaires.
40 vétérinaires sont salariés de la SPA.

### Adopter

La SPA offre aux animaux recueillis une seconde chance en mettant tout en œuvre pour leur trouver une nouvelle famille. Sous forme de brochures et de conseils personnalisés, des informations détaillées sont fournies aux adoptants pour accueillir un animal dans les meilleures conditions. Un suivi post-adoption est réalisé afin de vérifier le bien-être de l'animal et la conformité de son nouveau cadre de vie avec les valeurs de la SPA.

### Responsabiliser

Adopter un animal est une démarche sérieuse et responsable, elle implique tous les membres d'une famille et s'inscrit dans le temps. La SPA veille et tient à ce que cet engagement soit mûrement réfléchi pour éviter un nouvel abandon.

### Sensibiliser

La SPA lutte contre les abandons, organise des Portes Ouvertes pour faire connaître ses actions et favoriser les adoptions, et s'adresse aux donateurs pour solliciter leur générosité sans laquelle elle ne pourrait agir.
Elle dénonce les mauvais traitements infligés aux animaux en poursuivant en justice leurs auteurs.
Elle sensibilise le grand public à ce que représentent un animal et ses besoins (respect, amour, éducation...).
Grâce à une action médiatique forte, la SPA veut peser sur l'opinion publique et informer celle-ci des enjeux de la protection animale.

### Transmettre

600 salariés travaillent à la SPA et 3 000 bénévoles œuvrent à leurs côtés au quotidien.
D'importants travaux sont menés pour améliorer les structures d'accueil et en créer de nouvelles afin de venir en aide au plus grand nombre possible d'animaux et ce dans les meilleures conditions de bien-être possibles.
Impliqués dans la vie des refuges, les « Jeunes SPA » sont l'avenir de l'association et de la protection animale de demain.

Société Protectrice des Animaux
39, boulevard Berthier, 75847 Paris Cedex 17
Tél. : 01 43 80 40 66, Fax : 01 43 80 84 80
e-mail : contact@spa.asso.fr
www.spa.asso.fr

Accueillir un chat est également l'occasion de s'engager dans la défense de la cause animale : en adoptant aujourd'hui un chat, vous devenez un protecteur de la cause animale. Poursuivez votre démarche !

## Je m'informe sur la protection animale

Pour en savoir plus sur l'association, informez-vous auprès de votre refuge ou sur le site Internet de la SPA : www.spa.asso.fr.

## J'adhère à la SPA

Adhérez à la SPA pour 20 € par an et recevez notre journal *La cause animale* diffusé à 150 000 exemplaires. Vous pouvez là aussi adhérer en ligne ou auprès de votre refuge.

## Je donne à la SPA

La SPA a besoin de vous pour construire de nouveaux refuges, ouvrir de nouveaux dispensaires et faire connaître toutes ses actions. Aidez-la par vos dons.

## Je défends la cause animale

La SPA lutte au quotidien contre la maltraitance et les trafics dont sont victimes les animaux. Contactez l'association si vous constatez qu'un animal est victime de mauvais traitements.

## Je deviens famille d'accueil

La SPA cherche des familles d'accueil auxquelles elle confie des animaux qui nécessitent de meilleures conditions d'hébergement que dans un refuge. Ces animaux restent la propriété de la SPA et l'association prend en charge leurs frais vétérinaires. Renseignez-vous auprès de votre refuge.

## Je deviens bénévole à la SPA

Les bénévoles de la SPA participent à la vie quotidienne des refuges aux côtés des salariés. Ils s'occupent des animaux, les promènent et les éduquent. Renseignez-vous auprès de votre refuge.

# Carnet d'adresses

## Refuges

Animaux sans foyer (ASF)
Refuge de Montgeron
6, route de Corbeil, 91230 Montgeron
Tél. : 01 69 52 24 73
E-mail : refugemontgeron.asf@laposte.net
www.refuge-montegron-asf.com

Refuge SPA « Grammont-Gennevilliers »
30, avenue du Général de Gaulle, 92230 Gennevilliers
Tél. : 01 47 98 82 64
Fax : 01 40 85 18 05

Confédération nationale des SPA de France (CNSPA)
25, quai Jean Moulin, 69002 Lyon
Tél. : 04 78 38 71 71/85
Fax : 04 78 38 71 78
E-mail : confspa@wanadoo.fr, ou spalyon@spa-lyon-asso.fr

Fondation assistance aux animaux
23, avenue de la République, 75011 Paris
Tél. : 01 40 67 10 04/01 39 49 18 18
Fax : 01 39 51 59 23
http://www.assistanceauxanimaux.com

Fondation assistance aux animaux
11, rue Marx Dormoy, 13004 Marseille
Tél. : 04 91 85 23 53
Fax : 04 91 85 14 80

Fondation Brigitte Bardot
28, rue Vineuse, 75016 Paris
Tél. : 01 45 05 14 60
Fax : 01 45 05 14 80
E-mail : fbb@fondationbrigittebardot.fr
http://www.fondation-brigitte-bardot-paris.fr

Fondation 30 millions d'amis
40, cours Albert 1er, 75008 Paris
Tél. : 01 56 59 04 44
Fax : 01 58 56 33 55
http://www.30millionsdamis.fr

Ligue française des droits de l'animal (LFDA)
39, rue Claude Bernard, 75005 Paris
Tél. : 01 47 07 98 99
E-mail : contact@fondation-droits-animal.org
http://www.league-animal-rights.org

Société nationale pour la défense des animaux (SNDA)
80, boulevard de Reuilly, 75012 Paris
Tél. : 01 44 75 37 65
Fax : 01 44 75 01 52

Association Stéphane Lamart « pour la défense des droits des animaux »
B.P. 20036, 94268 Fresnes
Tél. : 01 44 75 00 47

## Identification

LOOF
1, rue du Pré Saint Gervais, 93697 Pantin Cedex
Tél. : 01 41 71 03 35
Fax : 01 57 42 98 17
E-mail : contact@loof.asso.fr
http://www.loof.asso.fr

ICAD
112, avenue Gabriel Péri, 94240 L'Haÿ-les-Roses
Tél. : 01 55 01 08 08
Fax : 01 55 01 08 04
https://www.i-cad.fr

## Santé

Les 4 centres antipoison vétérinaires (CNITV)
www.norvegien.com.free.fr/intoxication/CNITV.html

conseils@veto, sur wanimo.com est un service de conseils vétérinaires gratuits et personnalisés. On signale de multiples requêtes aux vétérinaires de Wanimo. Cela permet au leader des boutiques en ligne pour animaux (création en 2000), de bien connaître les souhaits et besoins des internautes. Ce dialogue quotidien est propice à proposer une gamme très large de produits (alimentation, hygiène, santé, habitat, accessoires) destinés aux animaux de compagnie.

Direction départementale des services vétérinaires (DDSV) – Préfecture de police
20-32, rue de Bellevue, 75019 Paris

Pompiers (18)
www.pompiersparis.fr

S.O.S. vétérinaires (20 h à 8 h et jours fériés)
Tél. : 08 92 68 99 33

S.O.S. vétérinaires à Lyon
60, cours Lafayette, 69003 Lyon
Tél. : 04 78 54 00 71

Syndicat national des vétérinaires d'exercice libéral (SNVEL)
10, place Léon Blum, 75011 Paris
Tél. : 01 44 93 30 00
E-mail : contact@snvel.fr

Urgences vétérinaires (École Nationale Vétérinaire d'Alfort)
7, avenue du Général de Gaulle,
94700 Maisons-Alfort
Tél. : 01 43 96 72 72 (24 h/24)
E-mail : web-chuva@vet-alfort.fr

Urgences à domicile à Paris
VETOADOM (24h/24) au 01 47 46 09 09
ou VETALIA (24h/24) au 01 40 40 01 02

Urgences à domicile à Lille
au 03 20 53 23 23

Urgences à domicile à Marseille
au 09 70 24 70 24

## Gardes, pensions, voyages, déplacements...

Un coup de fil, une visite sur un site permettent d'avoir un avant-goût de ce qui attend le chat avant de réserver sa place en garderie. Voici quelques adresses :

Animado
62, rue Louis Blanc, 75010 Paris
Tél. : 01 42 27 64 51
E-mail : info@animado.com

www.animal-sitting.net

Café des chats
16, rue Michel le Comte, 75003 Paris
Du lundi au dimanche de 12 h à 22 h
Tél. : 06 89 88 81 44/09 73 53 35 81
Réservation : reservation@lecafedeschats.fr

Gardanimo (Provence)
Tél. : 04 75 96 90 65
E-mail : gardanimo-pro@voilà.fr

Résid'ance
Tél. : 02 54 24 52 18
www.residance.fr

## Transport

Groupement des transports d'animaux de compagnie de France (taxis, ambulances...)
Tél. : 04 74 87 18 47
www.gtaaf.fr

www.ilspartentavecnous.org
Renseignements n° Azur : 0810 150 160

## Les centres de crémation

A.A.C. (Animaux Accompagnement Crémation)
2, rue de la Pierre, 44350 Guérande
Tél. : 02 51 73 05 04

ANIMAL RESPECT
2040, chemin de Saint-Bernard,
06200 Vallauris
Tél. : 04 93 64 39 40

APAC
2, draille Tribales, 13127 Vitrolles
Tél. : 04 42 79 72 95

INCINÉRIS
Route de Montpellier, 30900 Nîmes
Tél. : 04 74 38 72 20

INCINÉRIS
Rue de Sorbiers, 61120 Vimoutiers
Tél. : 02 51 87 69 99

SIAF
3, rue du Fort, 94130 Nogent-sur-Marne
Tél. : 01 48 76 68 18

SIAF
6, rue Jean Moulin, ZA Moulin à vent,
78280 Guyancourt
Tél. : 01 30 57 31 29

S.I.N.P.A.C
ZA, route de Hoerdt, 67170 Guedertheim
Tél. : 03 88 51 86 33

SOCRÉPAC
102 bis, rue Principale, 71530 Crissey
Tél. : 03 85 41 27 71

- Animaux morts sur la voie publique : commissariat le plus proche

- Animaux morts chez les particuliers : 0 826 300 600 (service payant)

## Les cimetières

Cimetière pour chiens (et chats)
4, pont de Clichy, 92600 Asnières
Tél. : 01 40 86 21 11

Cimetière animalier
18-24, route de Tremblay, 93420 Villepinte
Tél. : 01 43 83 76 33

Cimetière animalier
395, route des Régagnades, 06610 La Gaude
Tél. : 09 67 24 56 42

Cimetière animalier L'Enclos
1, rue des Fosses, 11100 Narbonne
Tél. : 04 68 93 46 23

Cimetière Maurice Massonnier
Chemin du Buherle, 31870 Beaumont-sur-Lèze
www.cimetieredesanimaux.fr/presentation.html

Cimetière virtuel
Sur le site (www.cimetiereanimaux.net), vous pouvez déposer la photo de votre animal, ses dates de naissance et de décès et quelques commentaires.

## Crédits

Dessins © Jean-Yves Grall, www.jeanyvesgrall.com

Page 6-7 : © collection iStock-Troy Snow ; page 8 : © Shutterstock-Rido ; page 10 : © Shutterstock-Alex James Bramwell ; page 13 : © Shutterstock-Pete Pahham ; page 14 : © Shutterstock-solominviktor ; page 17 : © Shutterstock-Pressmaster ; page 18 : © Shutterstock-kolessl ; page 21 : © Shutterstock-MongPro ; page 22 : © Shutterstock-Anna Hoychuk ; page 24 : © Shutterstock-Moolkum ; page 25 : © Shutterstock-Sinelyov ; page 26 : © Shutterstock-Sinelyov ; page 27 : © Shutterstock-Tony Bowler ; page 28 : © Shutterstock-Renata Apanaviciene ; page 31 : © Shutterstock-Nataliya_Ostapenko ; page 32 : © Shutterstock-IrinaK ; page 33 : © Shutterstock-MNStudio ; page 34 : © collection iStock-Anna Lurye ; page 35 : © collection iStock-Junyang134 ; page 37 : © Shutterstock-Artem Kursin. Pages 38-39 : © Shutterstock-Stefano Garau ; page 41 : © Shutterstock-Ermolaev Alexander ; page 42 : © Shutterstock-Robert Brown Stock ; page 45 : © Shutterstock-Nadinelle ; page 46 : © Shutterstock-Sergio Stakhnyk ; page 47 : © collection iStock-Arman Zhenikeyev ; page 48 : © Shutterstock-Cherry-Merry ; page 49 : © Shutterstock-panbazil ; page 50 : © collection iStock-GlobalP ; page 51 : © Jacqueline Bloch ; page 52 : © collection Digital Vision-George Doyle ; page 55 : © collection iStock-GooDween123 ; page 56 : © Shutterstock-SloOna ; page 57 : © Shutterstock-Liliya Kulianionak ; page 59 : © collection iStock-stokkete ; page 60 : © Shutterstock-Amanda Hsu ; page 61 : © Shutterstock-llike. Pages 62-63 : © Shutterstock-Nejron Photo ; page 65 : © collection iStock-annadarzy ; page 66 : © Shutterstock-Kei Shooting ; page 67 : © Shutterstock-Sukharevskyy Dmytro (nevodka) ; page 68 : © Shutterstock-Hasloo Group Production Studio ; page 71 : © Shutterstock-Nina Buday ; page 72 : © Shutterstock-Ermolaev Alexander ; page 74 : © Shutterstock-Africa Studio ; page 75 : © Shutterstock-Diana Taliun ; page 76 : © Shutterstock-Drozdowski ; page 78 : © Shutterstock-Stanimir G. Stoev ; page 79 : © Shutterstock-Alena Ozerova ; page 80 : © Shutterstock-Vishnevskiy Vasily ; page 81 : © Shutterstock-Alexander Demyanenko ; page 82 : © Shutterstock-Sarah Fields Photography ; page 83 : © Shutterstock-jiri jura ; page 85 : © Shutterstock-Eric Isselee ; page 86 : © Shutterstock-Ermolaev Alexander ; page 87 : © Shutterstock-Hasloo Group Production Studio ; page 88 : © Shutterstock-Mirek Srb ; page 91 : © Shutterstock-Nataliya_Ostapenko ; page 92 : © Shutterstock-Ermolaev Alexander ; page 93 : © Shutterstock-Stefano Garau ; page 94 : © Shutterstock-MaxyM ; page 95 : © Shutterstock-pav197lin ; page 97 : © Shutterstock-Susan Santa Maria ; page 99 : © Shutterstock- Melanie DeFazio ; page 100 : © Shutterstock-Pashin Georgiy ; page 103 : © Shutterstock-Hasloo Group Production Studio ; page 104 : © Shutterstock-Isabel engelmann ; page 105 : © Shutterstock-Antlio ; page 108 : © Shutterstock-doraclub ; page 109 : © Shutterstock-infinityyy ; page 110 : © Shutterstock-horvathta ; page 112 : © Shutterstock-Noko3 ; page 113 : © Shutterstock-Gregory Albertini ; page 114 : © Shutterstock-photomak ; page 116 : © Shutterstock-Vitaly Titov & Maria Sidelnikova ; page 117 : © Shutterstock-Oleksandr Berezko ; page 119 : © Shutterstock-Joyce Vincent. Pages 120-121 : © Shutterstock-Liliya Kulianionak ; page 123 : © Shutterstock-Massimo Cattaneo ; page 125 : © Shutterstock-Alena Ozerova.

Pour les Éditions Larousse, le principe est d'utiliser des papiers composés de fibres naturelles, renouvelables, recyclables et fabriquées à partir de bois issus de forêts qui adoptent un système d'aménagement durable. En outre, les Éditions Larousse attendent de leurs fournisseurs de papier qu'ils s'inscrivent dans une démarche de certification environnementale reconnue.

Photogravure Irilys

Imprimé en Espagne par Graficas Estella (Estella)
Dépôt légal : avril 2014
313932/01 – 11026201 – mars 2014